Gottfried Mahlke

Läuse im Pelz der Kirche

Gottfried Mahlke

Läuse im Pelz der Kirche

Glauben und Widerstehen

Fromm Verlag

Impressum / Imprint
Bibliografische Information der Deutschen Nationalbibliothek: Die Deutsche Nationalbibliothek verzeichnet diese Publikation in der Deutschen Nationalbibliografie; detaillierte bibliografische Daten sind im Internet über http://dnb.d-nb.de abrufbar.

Bibliographic information published by the Deutsche Nationalbibliothek: The Deutsche Nationalbibliothek lists this publication in the Deutsche Nationalbibliografie; detailed bibliographic data are available in the Internet at http://dnb.d-nb.de.

Verlag / Publisher:
Fromm Verlag
ist ein Imprint der / is a trademark of
OmniScriptum GmbH & Co. KG
Heinrich-Böcking-Str. 6-8, 66121 Saarbrücken, Deutschland / Germany
Email: info@frommverlag.de

Herstellung: siehe letzte Seite /
Printed at: see last page
ISBN: 978-3-8416-0551-1

Läuse im Pelz der Kirche

Glauben und Widerstehen

Inhaltsverzeichnis 1

Einleitung

Gorleben – Ausdruck für eine Energiepolitik, die versprach, ein Segen für die Menschheit zu sein und sich inzwischen als die größte ökologische Katastrophe entpuppt.
Gorleben – Ausdruck einer immer größer werdenden Bewegung, die in gewaltfreien Konfliktlösungen eine unglaubliche Kreativität und neue Energie entwickelt.
Welche Rolle spielt hier der christliche Glaube? Wie kann in einer solchen Situation das Wort der Befreiung so gesagt werden, dass es andere nicht verletzt, sondern einlädt, eigene Einstellungen zu überprüfen? Schließlich war ich Pastor und Seelsorger auch für diejenigen, die die Atompolitik des Landes, des Bundes und der Betreiber unterstützten. Obwohl sich die Atompolitik nach Tschernobyl und Fukushima in unserem Land geändert hat, behalten die Texte aus den 1980er Jahren ihre Aktualität. Ich bin froh, dass sich die Kirchen – sowohl die hannoversche Landeskirche als auch die EKD – auf einen Lernprozess eingelassen haben und sich seit den 1990er Jahren eindeutig gegen die unverantwortbare Nutzung der Atomenergie stellen.
Bis zum Jahresende 1988 war ich in Gartow – wenige Kilometer von Gorleben entfernt - Gemeindepastor. Dann begann ich als Klinikseelsorger und später als Kursleiter für Seelsorgeausbildungen an der Medizinischen Hochschule in Hannover: eine ganz andere Herausforderung Menschen zu begegnen, die in eine schwere gesundheitliche Krise geraten und dem Sterben nahe sind.

Mit den Predigten und Texten in diesem Band möchte ich Mut machen, den eigenen persönlichen Glauben in ein Gespräch zu bringen mit der Welt, wie man sie gerade erlebt. Für mich sind die in der Bibel aufgeschriebenen Erfahrungen von Menschen, die sie mit ihrer Welt gemacht haben und ihre Deutungen wie eine Provokation mit der man unsere heutige politische Wirklichkeit interpretieren kann. So verbindet sich das Persönliche mit dem Politischen, das Vergangene mit dem Gegenwärtigen, der Glaube mit dem Widerstehen.

Ich habe Predigen und Seelsorge von vielen Menschen gelernt. Immer wieder habe ich Texte und Impulse von anderen ausprobiert – wie man eine Jacke anprobiert und wieder ablegt -, abgeschrieben und umgeformt. So wird man Zitate und Gedanken finden, die ich geborgt habe, ohne die Quelle mehr zu kennen. Auch Rückmeldungen auf Predigten, Vorträge und Seelsorgegespräche haben mich und diese Texte verändert.

Als Einzelner ist man schneller am Ende und kommt nicht weiter. Ich habe viele Menschen an meiner Seite gehabt. Ich danke all diesen Lehrmeisterinnen. Ohne sie hätte ich diese Jahre nicht durchgestanden: meine Frau Heike, Theologin und Friedensarbeiterin, Dorothee Sölle und Fulbert Steffensky, die uns immer wieder Mut gemacht haben, Hans-Christoph Piper, mein Seelsorgelehrer an der Med. Hochschule Hannover. Und zu nennen sind die vielen Menschen in meiner ersten Gemeinde Gartow und im hannoverschen Wendland, die Patienten und Patientinnen in der MHH, sowie die Kursteilnehmer und Kursteilnehmerinnen und Kollegen und Kolleginnen, die meinen Glauben angefragt und gestärkt haben.

Fulbert Steffensky nennt in einem Gespräch die Frauen-, Ökologie- und Friedensgruppen „Läuse im Pelz der Großkirchen“. Die kleinen Gruppen und die großen Bewegungen – gehören sie eigentlich dazu? Man weiß es nicht so genau. Kreativ, subversiv, anarchistisch - man kann sie nicht so richtig packen – wie Läuse im Pelz. „Läuse im Pelz der Kirche“ ein schönes Bild, das bewusst macht, wir sind gemeinsam unterwegs, ohne dass einer dem andern vorschreibt, was man zu glauben, denken und fühlen hat.

Gottfried Mahlke

Predigten – politisch – persönlich - seelsorglich

Predigt 1. Mose 7[1]

Liebe Gemeinde, während des Elbe-Hochwassers war ich in Wien und habe fast stündlich übers Internet die Pegelstände der Elbe verfolgt. Dabei ist mir angst und bange geworden. Und als ich vor einer Woche in Gartow war und die Sandsäcke und Paletten sah, ist mir noch einmal deutlich geworden, welchen Bedrohungen Sie ausgesetzt waren.

Für mich lag es daher nahe, nach einem Bibeltext zu suchen, der diese Erfahrungen aufnimmt. Wir wählen aus, was wir brauchen, wir verbinden unsere Erfahrungen mit den Erfahrungen, die sich in den uralten Geschichten der Bibel verdichtet haben.

Ehe ich die Sintflutgeschichte vorlese, einen Gedanken vorweg: Die Bibel beginnt mit der sog. „Urgeschichte", das sind Geschichten, die erzählen, wie die Welt geschaffen wurde, wie das Böse in die Welt kam: Kain und Abel; wie die Menschen sich nicht mehr verstanden: Turmbau zu Babel. Das sind nicht Reportagen, Geschichten im Sinne des 21. Jahrhunderts, als wenn das so wirklich gewesen wäre, sondern die Bibel erzählt Erfahrungen von Menschen, und wie diese Menschen ihre Erfahrungen deuten, sie bringen ihre Erfahrungen mit Gott in Beziehung. Und nach diesen „Urgeschichten" beginnt die Geschichte des Volkes Israel mit Abraham, Isaak und Jakob.

1. Mose 7 (in Auswahl)

Als aber der HERR sah, dass der Menschen Bosheit groß war auf Erden und alles Dichten und Trachten ihres Herzens nur böse war immerdar, da reute es ihn, dass er die Menschen gemacht hatte auf Erden, und es bekümmerte ihn in seinem Herzen und er sprach: Ich will die Menschen, die ich geschaffen habe, vertilgen von der Erde, vom Menschen an bis hin zum Vieh und bis zum Gewürm und bis zu den Vögeln unter

[1] 7.7.2013 in Gartow

dem Himmel; denn es reut mich, dass ich sie gemacht habe. Aber Noah fand Gnade vor dem HERRN Und der HERR sprach zu Noah: Geh in die Arche, du und dein ganzes Haus; denn dich habe ich gerecht erfunden vor mir zu dieser Zeit. Von allen reinen Tieren nimm zu dir je ein Paar, das Männchen und sein Weibchen. Desgleichen von den Vögeln unter dem Himmel, das Männchen und sein Weibchen, um das Leben zu erhalten auf dem ganzen Erdboden. Denn von heute an in sieben Tagen will ich regnen lassen auf Erden vierzig Tage und vierzig Nächte und vertilgen von dem Erdboden alles Lebendige, das ich gemacht habe. Und Noah tat alles, was ihm der HERR gebot.

Und er ging in die Arche mit seinen Söhnen, seiner Frau und den Frauen seiner Söhne vor den Wassern der Sintflut. Von den Tieren und von den Vögeln und von allem Gewürm auf Erden gingen sie zu ihm in die Arche paarweise. Und als die sieben Tage vergangen waren, kamen die Wasser der Sintflut auf Erden. Und ein Regen kam auf Erden vierzig Tage und vierzig Nächte. Und der HERR schloss (die Tür) hinter ihm zu. Und die Sintflut war vierzig Tage auf Erden. Alles, was Odem des Lebens hatte auf dem Trockenen, das starb. So wurde vertilgt alles, was auf dem Erdboden war. Allein Noah blieb übrig und was mit ihm in der Arche war. Nach vierzig Tagen tat Noah an der Arche das Fenster auf, das er gemacht hatte, und ließ einen Raben ausfliegen; der flog immer hin und her, bis die Wasser vertrockneten auf Erden. Danach ließ er eine Taube ausfliegen, um zu erfahren, ob die Wasser sich verlaufen hätten auf Erden. Da aber die Taube nichts fand, wo ihr Fuß ruhen konnte, kam sie wieder zu ihm in die Arche; denn noch war Wasser auf dem ganzen Erdboden. Da tat er die Hand heraus und nahm sie zu sich in die Arche. Da harrte er noch weitere sieben Tage und ließ abermals eine Taube fliegen aus der Arche. Die kam zu ihm um die Abendzeit, und siehe, ein Ölblatt hatte sie abgebrochen und trug's in ihrem Schnabel. Da merkte Noah, dass die Wasser sich verlaufen hätten auf Erden. Aber er harrte noch weitere sieben Tage und ließ eine Taube ausfliegen; die kam nicht wieder zu ihm. Da tat Noah das Dach von der Arche und sah, dass der Erdboden trocken war. Noah aber baute dem HERRN einen Altar und opferte Brandopfer auf dem Altar. Und der HERR roch den lieblichen Geruch und sprach in seinem Herzen: Ich will hinfort nicht mehr die Erde verfluchen um der Menschen willen; denn das Dichten und Trachten des menschlichen Herzens ist böse von Jugend auf. Und ich will hinfort nicht mehr schlagen alles, was da lebt, wie ich getan habe. Solange die Erde steht, soll nicht aufhören Saat und Ernte, Frost und Hitze, Sommer und Winter, Tag und Nacht.

Die Sintflut ist nicht nur in der Bibel erwähnt, sondern auch im älteren mesopotamischen Gilgamesch-Epos, dessen Ursprung auf etwa 2600 v. Chr. datiert wird. Sie zählt zu den ältesten Erzählungen der Menschheit. Ähnliche Erzählungen von zerstörenden Naturkatastrophen und von wenigen auserwählten Überlebenden gibt es in fast allen Religionen und Kulturen.

Für die Sintflut gibt es zahlreiche Erklärungsversuche. Die in der Wissenschaft heute bevorzugte Theorie besagt, dass alle Fluterzählungen auf die traumatische Erfahrung der nicht vorhersagbaren und gelegentlich katastrophalen Schwemmfluten von Euphrat und Tigris im Zweistromland zurückgehen.

Andere vermuten, dass steigende Meeresspiegel zum Ende der letzten Eiszeit vor etwa zehntausend Jahren zum Beispiel im Gebiet des Roten oder des Schwarzen Meeres für entsprechende Sagen verantwortlich sind. So gibt es Hinweise auf Ansiedlungen und fruchtbare Gebiete, die heute einige Meter unter dem Meeresspiegel liegen.

Ähnliches gilt auch für die Theorie, die Sintflut gehe auf einen Wassereinbruch in das Schwarze Meer zurück, der stattgefunden haben soll, als sich etwa im 6. Jahrtausend v. Chr. der Meeresspiegel des Mittelmeers hob und das Niveau des Bosporus erreichte. Innerhalb kurzer Zeit soll sich so der Wasserspiegel in der Senke um mehr als 200 Meter erhöht haben.

Welche Erfahrungen haben sich in der Sintflutgeschichte verdichtet? Der Text beginnt: „Als aber der HERR sah, dass der Menschen Bosheit groß war auf Erden und alles Dichten und Trachten ihres Herzens nur böse war immerdar, da reute es ihn, dass er die Menschen gemacht hatte."

Ich fand im Internet eine etwas witzige Nacherzählung zur Sintflutgeschichte, weil sie den Punkt unserer Verantwortlichkeit unterstreicht; es gibt Naturkatastrophen, aber übersehet nicht, dass manche Katastrophe nur die Folge Eures Handelns ist!

»Der Herr sprach zu Noah: „In sechs Monaten werde ich es regnen lassen bis die ganze Erde mit Wasser bedeckt und die schlechten Menschen umgekommen sind. Aber ich will einige gute Lebewesen verschonen, wohl zwei von jeder lebenden Art auf diesem Planeten. Ich befehle Dir, eine Arche zu bauen. Mache dir einen Kasten von Tannenholz und mache Kammern darin und verpiche ihn mit Pech innen und außen. Und mache ihn so: Dreihundert Ellen sei die Länge, fünfzig Ellen die Breite und dreißig Ellen die Höhe. Ein Fenster sollst du daran machen obenan, eine Elle groß. Die Tür sollst du mitten in seine Seite setzen. Und er soll drei Stockwerke haben, eines unten, das zweite in der Mitte, das dritte oben." „Gut" sagte Noah, bebend vor Angst und tatendurstig mit den erhaltenen Bauplänen. „Sechs Monate und dann beginnt es zu regnen", sagte der Herr „sorge dafür, dass die Arche fertig wird, oder du wirst sehr lange schwimmen müssen". Sechs Monate vergingen, Wolken verdüsterten den Himmel und es begann schon ein bisschen zu regnen. Der Herr sah Noah in seinem Garten sitzen, aber ohne Arche ...

„Noah!!" rief der Allerhöchste, „Wo ist die Arche?" „Herr, bitte, vergib mir," flehte Noah „ich habe mein Bestes getan, aber es gab große Probleme: erst musste ich eine Baugenehmigung beantragen für das Archeprojekt. Deine Pläne entsprachen nicht den Normen. Also musste ich einen Schiffbauingenieur beauftragen, die Pläne neu zu zeichnen. Danach legte mein Nachbar Widerspruch ein, weil ich die Bauvorschriften übertrat, indem ich die Arche in meinem Vorgarten baute. Deshalb musste ich eine neue geänderte Baugenehmigung beantragen beim Bauamt. Darauf bekam ich Probleme genug Holz zu bekommen. Es war ein Fällverbot festgesetzt um die Waldeulen zu schützen. Ich musste das Amt für Naturdenkmäler davon überzeugen, dass ich das Holz gerade benötigte, um die Waldeulen zu retten. Aber sie ließen nicht zu, dass ich Eulen fing und Holz fällte. Die Zimmerleute bildeten einen Betriebsrat und streikten. Ich musste über einen neuen Tarifvertrag verhandeln, bevor sie nur einen Hammer in die Hand nehmen wollten. Nun arbeiten 16 Zimmerleute an der Arche, aber ich habe noch keine Aussicht auf das Sammeln von zwei Eulen. Als ich die anderen Tiere fangen wollte, wurde ich vom Tierschutzverein angezeigt. Sie beschuldigten mich, nur zwei von jeder Sorte überleben zu lassen. Die Aufsicht für das Steuerwesen hat alle meine Besitztümer beschlagnahmt, weil ich vorhaben soll, das Land zu verlassen und mich so meiner Steuerpflicht zu entziehen. Ich denke, dass ich in den nächsten fünf Jahren die Arche nicht fertigstellen kann", klagte Noah. Plötzlich klarte der Himmel auf und die Sonne begann zu scheinen. Noah guckte nach oben und ein Lächeln kam über sein Gesicht. „Bedeutet dies, dass Du die Welt nicht zerstören wirst?" fragte er hoffnungsvoll. „Nein", sprach Gott traurig „das habt ihr schon getan!"«

Ich glaube, nach den letzten Wochen mit dem Elbehochwasser – dem 3. oder 4. *Jahrhunderthochwasser* in 11 Jahren - verstehen wir die Sintflutgeschichte ganz gut. Und wenn ich mir die Menschen rund um Tangermünde vorstelle, die 10 km von der Elbe weg wohnen, nie ein Hochwasser gehabt haben, wenn ich mich in die Menschen hineinversetze, dann haben sie und erleben sie noch genau diese Erfahrungen, die da in der Bibel erzählt werden. Alles, was als sicher galt, ist plötzlich zunichte. Unser Besitz, das worauf wir „sitzen", ist im Wasser versunken. Wir haben alles verloren – nur das Leben nicht.

Für die meisten von uns hier im Landkreis ist die Sintflutgeschichte eine gute Geschichte, eine Hoffnungsgeschichte. Wir haben Glück gehabt! Man könnte auch sagen: weil in Fischbeck der Deich gebrochen ist und das Wasser genug Ausbreitungsfläche hatte, ist es bei uns nicht zum Schlimmsten gekommen! Wir könnten auch sagen, das Zusammenhalten aller Menschen hier hat uns vor der Katastrophe bewahrt. (Das ist übrigens unsere Entscheidung, wie wir die Geschichte deuten. Ob wir sagen, wir haben das doch gut hingekriegt! oder ob wir sagen: Gott hat uns bewahrt!)

Die andere Geschichte, die ich vorgelesen habe, vom gescheiterten Bau der Arche, öffnet uns vielleicht auch die Augen. Sie macht in einer witzigen Weise deutlich: wir sind selbst verantwortlich für viele Katastrophen. Es wird sich zeigen, ob wir aus der Erfahrung vom Hochwasser 2013 etwas lernen, oder ob wir uns für so schlau halten, dass wir es schon hinkriegen werden. Ob wir mit Respekt der Natur gegenübertreten

oder ob wir mit immer höheren Deichen, immer mehr Vertiefungen, immer mehr Begradigungen die Natur zwingen, uns zu dienen, uns zu gehorchen.
Ich könnte das alles auch an Gorleben buchstabieren: wir – unsere Politiker – glauben, wir könnten den Atommüll eine Million Jahre sicher verstecken – und die Asse zeigt uns, wir kriegen das nicht mal für 30 Jahre geregelt! Irgendwann holen uns die Folgen unseres Tuns ein.
Wie zum Beispiel die aufgegebenen Braunkohletagebauten in der Lausitz offenbaren: in den alten Bergwerken steigt das Grundwasser und spült Eisenoxid aus den Gruben in Flüsse und Seen. Übrig bleibt eine verseuchte Landschaft, die als Nutz- oder Siedlungsfläche für den Menschen verloren ist.
Negative Auswirkungen von Bewässerungen in großem Stil zeigen sich am Beispiel des Aralsees. Vor 50 Jahren versuchte die Sowjetunion, der Wüste ein grünes Landwirtschaftswunder abzutrotzen. Das Wasser der Zuflüsse, die den Aralsee speisen, wurde für riesige Baumwollfelder abgezweigt. Seit den 1960er Jahren ist der viertgrößte Binnensee der Erde deshalb auf ein Zehntel seiner ursprünglichen Größe geschrumpft. Das einstige Fischparadies fiel trocken. Als sich das Wasser zurückzog, wehte der Wind Millionen Tonnen Salze vom ehemaligen Seeboden in die Atmosphäre, zahllose Anwohner erkrankten, Böden wurden unfruchtbar. Zurück blieb – eine Wüste. Momentan wird ein 14 Kilometer langer Damm zwischen nördlichem und südlichem Aralsee fertiggestellt. Seither steigt der Wasserspiegel im nördlichen Teil langsam wieder an. Doch der größere, südliche Teil hat keinen Zufluss mehr und ist damit dem Untergang geweiht.
Die entscheidende Frage ist die, ob wir uns an die Stelle des Schöpfers setzen, ob wir die Erde so gestalten und patentieren, dass wir möglichst viel Profit daraus ziehen, oder ob wir uns als Teil der Schöpfung verstehen, eingewoben in das Netz des Kosmos. Bei der biblischen Sintflutgeschichte heißt es am Beginn: „Als aber der HERR sah, dass der Menschen Bosheit groß war auf Erden und alles Dichten und Trachten ihres Herzens nur böse war immerdar, da reute es ihn, dass er die Menschen gemacht hatte auf Erden, und es bekümmerte ihn in seinem Herzen." Was ist wohl mit „der Menschen Bosheit" gemeint. Ich verstehe das so: die Menschheit ist aus dem

Paradies geflogen, weil sie sein wollten wie Gott! Sich an die Stelle des Schöpfers stellen zu wollen, ist der Grund allen Übels. Wer sich selbst zur Norm macht, zum Maßstab allen Handelns, der wird auch neben sich bald keinen dulden. Es geht um den eigenen Gewinn, koste es was es wolle. Und daran zerbricht jede Gemeinschaft.

Ich schließe mit der Erklärung zu dem ersten Glaubensartikel, ich musste das im KU auswendig lernen: »Ich glaube, dass mich Gott geschaffen hat samt allen Kreaturen, mir Leib und Seele, Augen, Ohren und alle Glieder, Vernunft und alle Sinne gegeben hat und noch erhält; dazu Kleider und Schuh, Essen und Trinken, Haus und Hof, Frau und Kind, Acker, Vieh und alle Güter; mit allem, was not tut für Leib und Leben, mich reichlich und täglich versorgt, in allen Gefahren beschirmt und vor allem Übel behütet und bewahrt; und das alles aus lauter väterlicher, göttlicher Güte und Barmherzigkeit, ohne alle mein Verdienst und Würdigkeit. Für das alles ich ihm zu danken, zu loben, zu dienen und gehorsam zu sein schuldig bin. Das ist gewisslich wahr.« Amen

Gebet[2]

Lieber Gott,

ich denke an El Kashehs, Nadja und Stefan El Kasheh, die waren bis zum Januar Pastoren in Lüchow, seit Februar sind sie in Kairo und betreuen die evangelischen Christen dort. Ich weiß nicht, wie es Ihnen geht. Ich weiß nur, wie es mir geht, wenn ich an sie denke. Ich habe Angst. Deswegen bete ich für sie: behüt sie!

Ich bin in den letzten 4 Wochen immer wiedeer durch Fischbeck gefahren. Dort stand vor 2 Monaten das Wasser einen Meter hoch überall im Dorf. Der Elbedeich war bei dem Hochwasser gebrochen. Vor den Häusern sah ich große Müllberge von zerstörtem Hausrat, von durchnässter Glaswolle und abgestorbenen Büschen. Wir gehen nicht gut um mit deiner Schöpfung. Lass uns nicht stehen bleiben bei der Angst vor den Folgen unseres Handelns, sondern lass uns umkehren zu einem anderen Umgang mit der Natur.

Ich bete für Papst Franziskus. Das kommt nicht oft vor, dass in einem lutherischen Gottesdienst für den Papst gebetet wird. Aber ich finde, er hat es auch nötig, dass wir für ihn beten. Und ich bitte Dich Gott, dass Du ihm die Kraft schenkst, dass unsere Schwesterkirche befähigt wird, das Evangelium – die frohe Botschaft der Befreiung – klar zu verkünden. Und gib auch uns die Kraft, die Botschaft von der Befreiung dieser Welt zu sagen.

Lieber Gott, ich bitte Dich für Lieschen Müller und Max Mustermann, also für uns. Es ist so schön, dass wir die Söhne und Töchter des Reiches Gottes sind. Aber jeder von uns hat auch seine Schattenseiten, die du ihm mitgegeben hast. Was wäre das gut, wenn wir die nicht verstecken müssten, sondern zu unseren Schatten und Schwächen stehen könnten und dadurch unser Leben lebendiger würde.

Lieber Gott, danke! Amen

---

[2] September 2013 (aktuell: Aufstände in Ägypten, Folgen des Elbedeichbruchs in Sachsen-Anhalt)

Predigt 1. Mose 32-33 [3]

Liebe Gemeinde. Ich möchte in dieser Predigt nachdenken über den Segen. Mit Ihnen nachdenken, d.h. eigentlich müssten Sie von Ihren Erfahrungen erzählen, wie Sie Segen gespürt haben, von Ihren Erfahrungen, die Sie mit Gott gemacht haben, wie Sie Gott in Ihrem Leben begegnet sind. Und ich müsste meine Erfahrungen dazu stellen, und dann noch die Geschichten von unseren Vätern und Müttern, die in der Bibel aufgeschrieben sind. Die Bibel ist ja nichts anderes als das Buch der Erfahrungen mit Gott, wie Menschen Gott begegnet sind. Wenn wir Bibeltexte gebrauchen, dann borgen wir uns diese Erfahrungen und stellen sie mit unseren Erfahrungen in Beziehung.

Nach diesem Gottesdienst wird ein Kind in der Taufe gesegnet, in drei Wochen werde ich hier ein Ehepaar segnen. Was bedeutet „segnen“? Ich weiß noch, als junger Pastor hatte ich eine gewisse Scheu vor dem Segnen, ich hab zwar am Ende jedes Gottesdienstes den Segen gesprochen, aber bei Amtshandlungen war ich sehr zurückhaltend. Ich habe lange Zeit nicht die Hände richtig auf den Kopf gelegt. Ich wollte nicht, dass man denken könnte, da passiert etwas Magisches, ein Zauber. Am Ende meiner Tätigkeit als Seelsorger in der Medizinischen Hochschule Hannover bin ich selten von einem Patienten weggegangen, ohne ihn zu fragen: „darf ich Sie segnen?“ Ich habe nie erlebt, dass jemand „nein“ gesagt hat. Die Reaktion war ganz anders. Den meisten sind die Tränen geflossen und ich konnte gar nicht weggehen, sondern das Gespräch ging auf einer anderen Ebene vertieft weiter. Was ist das mit dem Segen?

Ich wähle dazu die Geschichte aus der Bibel, von Jakob und Esau. Eigentlich eine Konfliktgeschichte. Zwillinge, die geraten in Streit. Schon im Mutterleib fallen sie übereinander her. Und der erste kam heraus – rötlich und ganz behaart, sie nannten ihn Esau. Dann kam sein Bruder, und dessen Hand hielt die Ferse Esaus

[3] 13.7.2014 in Gartow, Mich hat zu dieser Predigt der Aufsatz von Ulrike Wagner-Rau „Ich lasse dich nicht, du segnest mich denn“ Segen und Pfarrberuf, Vortrag auf dem württembergischen Tag der Pfarrer und Pfarrerinnen in Ulm am 11.10.2010 sehr inspiriert.

umklammert, so als wollte er ihn schon während der Geburt überholen, und er erhielt den Namen Jakob.

Angestiftet von seiner Mutter macht sich Jakob, der Jüngere, daran, von dem blinden Vater den Segen abzuluchsen, der nur dem Erstgeborenen zugestanden hätte. Er zieht sich die Klamotten seines Bruders Esau an, so riecht er wie Esau, so fühlt er sich an wie Esau. So glaubt der erblindete Vater Isaak, es sei Esau, der den Erstgeborenensegen haben will und gibt ihm den. Und dieser Segen wirkt nur einmal. Ein merkwürdiger Einstieg in diese Geschichte: Betrug, Blindheit, magischer Segen? Ich weiß nicht so richtig, was das mit diesem Erstgeborenensegen auf sich hat, vielleicht erleben wir in den Königshäusern unserer Zeit so was Ähnliches: immer erbt der Erstgeborenen die Krone, die anderen gehen leer aus. Bei den Bernstorffs ist das durch das Familienstatut so ähnlich geregelt. Was das mit diesem Erstgeborenensegen auf sich hat, weiß ich nicht, aber man kann sich gut vorstellen, wie sauer der Esau daraufhin geworden ist. „Es wird die Zeit bald kommen, dann will ich meinen Bruder umbringen“, sagt Esau. Die Mutter rät dem Jakob abzuhauen, weit weg, lang genug. „Bis sich die Wut deines Bruders legt, und er vergisst, was du ihm angetan hast,“ sagt Rebekka zu ihm. Der Segen, um den es hier geht, ist kein Pippifax, es muss etwas gewesen sein, wofür Esau bereit war, zum Brudermörder zu werden. Merkwürdig! An dieser Geschichte fand ich immer ganz spannend, wie sich der Jakob verkleidet hat, wie er Felle über seine Hände gelegt hat, damit der Vater denkt, es fühlt sich so an wie Esau, von dem erzählt wird, er war sehr behaart. Aber ich habe fast darüber weggelesen, dass der Vater blind war. Das wird uns noch weiter in der Predigt beschäftigen. Der kann nicht sehen.

Nach 20 Jahren in der Fremde will Jakob zurück in seine Heimat: ein reicher Mensch mit einer großen Familie. Er hat zwei Frauen geheiratet, elf Söhne und eine Tochter sind ihm geboren worden. Eine Unzahl von Bediensteten arbeitet für ihn, und er besitzt große Viehherden. Unglaublich erfolgreich! Ich finde das Ende des ersten Buches Mose total spannend, dieser Jakob, ein Schlitzohr, wie er in diesen 20 Jahren zu seinem Reichtum kommt, wie er seinen Schwiegervater übers Ohr haut. –

Aber im Zurückkehren nach Hause begegnet er auch dem dunklen Hintergrund seines Aufbruchs von dort: dem Betrug am Bruder. Jetzt wächst die Angst, dass Esau sich rächen wird. „Bleib weg, bis dein Bruder vergessen hat, was du ihm angetan hast", hatte die Mutter damals geraten. Aber manches kann man nicht vergessen: nicht als Täter und nicht als Opfer.

Sein Bruder hat nichts vergessen. Einfach Wegsein – und wenn es 20 Jahre sind – ist keine Versöhnung. Und wo die Wunden so tief sind, kann es auch kein Vergessen geben. Als Jakob zurückkehrt, ist ihm klar, dass er nicht so tun kann, als sei nichts gewesen. Aber irgendwas treibt ihn zurück. Er schickt – noch aus sicherem Abstand – Boten zu seinem Bruder, um sein Kommen anzukündigen und um gute Stimmung zu machen, „damit ich Wohlwollen in deinen Augen finde." Die Antwort der Boten ist wenig ermutigend. Sie sagen, Esau sei schon unterwegs, ihm entgegen, und bei sich habe er 400 Mann. Für eine freundschaftliche Begrüßung sind das etwas viel. Beunruhigt versucht Jakob den anderen mit einem unermesslich reichen Geschenk freundlich zu stimmen, wir würden heute sagen, er versucht ihn mit Geld zu bestechen: „200 Ziegen und 20 Ziegenböcke; 200 Schafe und 20 Widder; 30 säugende Kamele mit ihren Jungen; 40 Kühe und 10 Stiere; 20 Eselinnen und 10 Eselhengste." So zählt es der Text auf. Das alles bietet er Esau als Geschenk an. Er sagt sich: „Versöhnen will ich sein Angesicht durch die Abgabe, die vor meinem Angesicht herzieht. Danach werde ich sein Angesicht sehen, vielleicht hebt er mein Angesicht zu sich empor." Fünfmal ist in diesen wenigen Sätzen vom Angesicht die Rede: Es geht darum, sich in die Augen schauen zu können, freundlich angesehen zu werden, Akzeptanz und Lebensrecht zu gewähren und zu finden – trotz alledem. Aber reicht es, was Jakob einsetzt, um den Bruder zu versöhnen?

Seine Hoffnung ist, dass er so Versöhnung mit seinem Bruder erreicht. Er weiß: Versöhnung ist nicht umsonst – sie ist nicht gratis zu haben. Und doch kommt es ziemlich anders, als er denkt.

Was bedeutet es, dass hier soviel von dem Angesicht geredet wird? Ich erinnere mich an ein kleines schwarz-weiß Foto, das im Wohnzimmer meines Seelsorgelehrers in Hannover hing. Da war er als kleines Baby und ganz dicht über seinem Gesicht war das Gesicht seiner Mutter. Ein ganz inniges Bild, weil sich das Strahlen der Mutter in dem Zurückleuchten des Babys widerspiegelte. Eigentlich ein ganz alltäglicher Schnappschuss, den man beobachten kann, wenn Mütter oder Väter sich zu ihren Kindern im Kinderwagen beugen. Oft strahlen sie solange das Kind an, bis sie ein Feedback, eine Resonanz, ein freudiges Zurückblicken erkennen. „Schau, es kennt mich schon!" Die Erforschung des Blickwechsels zwischen Säuglingen und ihren Müttern hat gezeigt, wie wichtig das Zusammenspiel der Gesichter für die menschliche Entwicklung und für die grundlegende Färbung ihrer Existenz ist. Schon zwischen drei und fünf Monaten erkennen Babys verschiedene Gesichtsausdrücke und welche Gefühle sie widerspiegeln. Sie lernen lesen im Gesicht des anderen. Sie reagieren auf bestätigende, freundliche Zuwendung des Gesichtes mit Freude, sie wenden den Blick ab, wenn sie sich bedrängt fühlen, sie fallen in Verzweiflung, wenn sie im Gesicht der Mutter keine Reaktion hervorrufen können. Dieser Austausch zwischen den Gesichtern ist für das Vertrauen ins Leben grundlegend. Da entsteht Beziehung durch das Anschauen. Ein Kind kann ohne Brust geliebt werden, aber Liebe ohne Gesicht ist unmöglich. Wie ich den anderen anschaue, zeigt dem andern, wie ich zu ihm stehe. Manchmal merke ich erst, was ich gesagt habe, wenn ich in seinem Angesicht lese, was ich bei ihm auslöse.

Die chilenische Dichterin Gabriela Mistral, 1950 hat sie den Literaturnobelpreis bekommen, beginnt ein Gedicht mit der wunderbaren Zeile: „Wenn Du mich anblickst, werde ich schön". Dadurch dass mich ein anderer mit liebenden Augen anblickt, werde ich schön, fange ich an zu strahlen. Schönheit ist nicht etwas Abstraktes, etwas Oberflächliches, sondern kommt daher, wie wir den andern ansehen, welches Ansehen wir ihm geben. Wie wir den anderen deuten, so bekommt er Bedeutung.

Ich habe in meiner Arbeit in der Klinik oft gemerkt, wie unendlich heilsam es ist, wenn ein Patient mit schlimmer Diagnose sich wahrgenommen fühlt, wenn er sich nicht als Nummer behandelt weiß, sondern wenn er sich gesehen fühlt, wenn seine Not gesehen und sein Klagen und Schreien gehört wird. Mit was für einem Blick schauen wir einander an?

Ich habe gerade wieder eine Fortbildung gemacht mit Seelsorgern. Eine Übung war: der eine erzählt etwas und der andere hört nur zu, ohne Worte gibt er ihm zu erkennen, dass ihn das interessiert, was er hört. Das war schön und hat allen gefallen. Die nächste Übung: der eine erzählt etwas, aber der andere signalisiert ihm – ohne Worte – dass er an ihm kein Interesse hat und an dem, was er ihm erzählen will, schon gar nicht. In dem, was sich zwischen Gesichtern ereignet, so könnte man sagen, geht es immer wieder auch um Segen und Verweigerung des Segens, um freundliche Akzeptanz und Bestätigung oder um Verachtung und aggressives Auslöschen-Wollen. Bevor Jakob Esau trifft, macht er eine ganz andere Begegnung. Es ist noch tiefe Nacht. Jakob schickt seinen ganzen Besitz über den Fluss Jabbok. Er bleibt zurück. „Da rang jemand mit ihm, bis die Morgenröte aufkam", heißt es. Wer das ist, erfahren wir nicht. „Jemand, ein Mann" heißt es. Auch Jakob weiß nicht, wer das ist. Es ist Nacht um ihn, finster. Eine Art mächtige Kraft, die ihn angriff, die mit ihm kämpfte, ihn niederringen und zerstören wollte. Was war das für eine dunkle mächtige Gestalt? War es ein Mann, ein Geist, ein Engel - oder vielleicht sogar Gott selber, der ihn da niederringen, strafen und vernichten will? War es vielleicht sein eigenes Inneres, das ihn niederkämpfte: sein Neid, sein schlechtes Gewissen, seine Habgier, seine Angst? Es bleibt im Dunkeln. War dieser Ringkampf vor allem in seinem Innern, in seiner Seele, eine Art Auseinandersetzung mit der dunklen Schatten-Seite seiner Persönlichkeit?! –

Kennen Sie auch solche inneren Kämpfe mit dem Gewissen, mit Erinnerungen, mit Hass- und Rachegefühlen, mit bösen Träumen und Ängsten? Kämpfe mit Konkurrenz, mit Neid und bei enttäuschter Liebe?

Der Kampf geht unentschieden aus. Jakob hält den Mann fest und nötigt ihm einen Segen ab. „Ich lasse dich nicht, du segnest mich denn!" Geheimnisvoll: er kann nicht einfach loslassen, er braucht einen Segen! Der andere haut Jakob aufs Hüftgelenk und verrenkt es ihm, dann lassen sie sich los. Der Mann gibt Jakob einen neuen Namen, eine neue Identität. Er soll jetzt Israel heißen. Die Begründung ist: „Jakob soll dein Name nicht mehr sein, sondern Israel, Gottesstreiter, denn gekämpft hast du mit Gott und mit Menschen und hast es gekonnt." Als der andere fort ist, versteht

Jakob, was da geschehen ist. Er benennt den Ort des Geschehens „Pniel“, „Angesicht Gottes“. Er deutet das Geschehen: „Ich habe Gott gesehen – von Angesicht zu Angesicht, und mein Leben wurde gerettet.“

Da ist es wieder, das Angesicht, Segen hat unmittelbar mit Ansehen zu tun! Und. Da ging für ihn die Sonne auf. Zu Beginn des Geschehens ist Jakob unversehrt und im Vollbesitz seiner Kräfte. Am Schluss dagegen ist er ein Hinkender. Der andere hat ihn für den Rest seines Lebens verletzt. Er, der Erfolgreiche, dem bisher alles gelungen ist, hinkt nun. Offenbar hat er sich in diesem Kampf so gesehen gefühlt, so wahrgenommen gefühlt, wie er auch mit seinen Schattenseiten ist, „und mein Leben wurde gerettet!“

Solange Jakob der Erfolgreiche ist, der seinen Bruder in der Vergangenheit aufs Kreuz gelegt hat und es jetzt wieder mit Tricks versucht, kann es nicht zur Versöhnung mit ihm kommen. Jakob muss im Ringen mit Gott erfahren, dass er in seinen Möglichkeiten begrenzt wird, dass er eingeschränkt wird, um zur Versöhnung fähig zu werden. Versöhnung ist nicht umsonst. Sie hat nicht nur ihren materiellen Preis. Dass Jakob zur Versöhnung fähig wird, setzt voraus, dass er zuvor Abschied nimmt von seinem Selbstbild des ewig Erfolgreichen, der sich mit Tricks durch Leben boxt.

Kaum ist die Sonne über dem hinkenden Jakob aufgegangen, kommt schon Esau mit seinen 400 Mann heran. Aber er fällt nicht über ihn her – wie befürchtet. Vielmehr, so der Erzähler, „lief er ihm entgegen, umarmte ihn, fiel ihm um den Hals und küsste ihn. Da weinten sie“. Die beiden Männer weinen. Sie lassen sich gehen. Sie haben verstanden, dass es Versöhnung nicht geben kann, wo jeder nur seine Machtmittel einsetzt, Esau seine 400 Mann, Jakob seinen Reichtum und seine schier unerschöpfliche Listigkeit. Esau sagt zu Jakob: „Behalte, was du hast, ich habe genug!“

Und dann sagt Esau weiter und das ist für mich die schönste Stelle in der Bibel: „Ich sah in dein Angesicht, als sähe ich Gottes Angesicht und du hast mich freundlich angesehen!“ Da ist es wieder, das Angesicht, das Ansehen, und darin in dem andern das von Gott erkennen! Was für eine berührende Erfahrung, die in dieser alten

Erzählung beschrieben wird. Am Anfang steht die Erschleichung eines zauberhaften Segens, der nur durch Blindheit zustande kommt, ohne Ansehen, ohne sich in die Augen zu schauen- bis zu diesem Segen, der heil macht, der in der Begegnung befreit! So als ob diese Erzählung uns lehren will, Segen ist nicht Magie, sondern Segen ist Begegnung, Ansehen. Wo Gott zwischen zwei Menschen passiert.
Ich weiß nicht, ob Sie sich erinnern, wie das war, als Sie mal so angesehen worden sind, dass Sie die Kraft des Segens gespürt haben, dass Sie in der Seele berührt und heil wurden. Ich erinnere mich, dass ich öfter so angesehen wurde. An uns, als wir im Kinderwagen lagen, erinnern wir uns nicht. Aber als wir uns verliebt haben, daran können sich manche ja noch erinnern, spiegeln wir uns in der Wärme der Augen unseres Freundes, unserer Freundin. „Wenn Du mich ansiehst, werde ich schön!" Erinnern Sie sich vielleicht? Ich denke mir, das passiert viel häufiger, immer wieder, wir müssen nur diesen liebenden Blick des anderen verstehen als eine Gottesbegegnung, „als sähe ich Gottes Angesicht!"
Wenn man selber nicht mehr aus noch ein weiß, und man dann einem Menschen begegnet, der einen so ansieht, der einem Ansehen schenkt, auch dann passiert das manchmal, dass man spürt: „ich sah dein Angesicht, als sähe ich Gottes Angesicht und du hast mich freundlich angesehen." Und man wieder zu sich kommt, dadurch dass meine Seele angesehen wird. Das kenn ich auch.
Wir entlassen einander am Ende eines jeden Gottesdienstes und wünschen dem andern: Der Herr segne dich und behüte dich. Er lasse sein Antlitz leuchten über dir - er lasse sein Antlitz leuchten über dir - und sei dir gnädig. Der Herr erhebe sein Angesicht auf dich und gebe dir Frieden. Amen

Predigt 1. Könige 19, 3-8[4]

Liebe Gemeinde. Die Geschichten der Bibel sind oft von ihren Bildern allein schon schöne Geschichten, die ich als Kind gern hörte und heute auch noch gerne lese. Und gleichzeitig schwingt in diesen Geschichten etwas anderes mit. Mir geht das oft so, dass ich mich eingeladen fühle, mich in die Geschichte selbst hinein zu verstecken. Und ich lese sie dann so, als ob ich selbst darin vorkomme. Ich glaube, das ist auch der eigentliche Grund, warum diese Geschichten immer und immer wieder mündlich erzählt wurden und schließlich aufgeschrieben wurden. So geht es mir auch mit der Geschichte, die ich heute ausgewählt habe. Es geht um Elia, den Mann Gottes; das muss man sich mal vorstellen, als einziger steht er den ganzen Priestern des Königs gegenüber und behauptet, dass sein Gott Jahve, der einzige Gott sei, der den Menschen nahe sei. Und dann treibt er es auf die Spitze und tritt den Beweis an - und gewinnt. Das ganze Volk ist überzeugt, Elias Gott ist der Herr der Welt! Elia hat sich für seinen Gott eingesetzt, für seinen Glauben, für seine Überzeugung. Er hat dabei weder sich noch andere geschont, er hat sich total verausgabt. Er hat gewonnen - aber auch Feinde bekommen.

Und nun lese ich einen kleinen Abschnitt: *Da fürchtete er sich, machte sich auf und lief um sein Leben und kam nach Beerscheba und ließ seinen Diener dort. Er aber ging hin in die Wüste eine Tagereise weit und kam und setzte sich unter einen Wacholder und wünschte sich zu sterben und sprach: Es ist genug, so nimm nun Herr meine Seele, ich bin nicht besser als meine Väter. Und er legte sich hin und schlief unter dem Wacholder. Und siehe, ein Engel rührte ihn an und sprach zu ihm: Steh auf und iss! Und er sah sich um, und siehe, da lag ein geröstetes Brot und ein Krug mit Wasser. Und als er gegessen und getrunken hatte, legte er sich wieder schlafen. Und der Engel des Herrn kam zum zweiten Mal wieder und rührte ihn an und sprach: Steh auf und iss! Denn du hast einen weiten Weg vor dir! Und er stand auf und aß*

[4] Gehalten in der Medizinischen Hochschule Hannover

und trank und ging durch die Kraft der Speise vierzig Tage und vierzig Nächte bis zum Berg Gottes, dem Horeb.

Einerseits, sagte ich, finde ich das einfach eine spannende Geschichte. Andererseits bin ich neugierig, wo ich mich mit meinen Erfahrungen da wiederfinde. So will ich jetzt einfach ein paar Worte aus dieser Erzählung herausgreifen, sie sozusagen unterstreichen und sie in Kontakt bringen mit uns. "Da packte ihn die Angst und er floh, um sein Leben zu retten" - Mit diesem Satz beginnen Parallelen. Mir fallen ganz viele Krankengeschichten ein. In den Gesichtszügen des Elia, erkenne ich mich und erkenne ich viele Menschen, denen ich in diesem Hause begegnet bin. Wie war das als der Arzt zum ersten Mal klaren Wein eingeschenkt hat: „Da ist was, das gefällt mir nicht." Und dann der Spezialist, und dann das Warten auf das Untersuchungsergebnis. Und dann das Warten auf einen Platz hier. Bedrohung, Angst, Bewegung. Elia bricht auf in der Angst, um sein Leben zu retten. Was für ein Weg! Was für ein Weg liegt hinter jedem einzelnen, jeder einzelnen von Ihnen bis hierher? Und nun gibt es noch eine wichtige Entdeckung für mich an dieser Stelle: die Angst des Gottesmannes Elia wird nicht verurteilt! Sie wird nicht verboten, nach dem Motto, wer glaubt, hat keine Angst! Nein, die Angst darf sein. Dabei ist übrigens nicht entscheidend, ob die Angst begründet ist, ob sie zu Recht besteht, sie ist da! Das möchte ich wohl lernen, meine Angst und die Angst anderer wahrzunehmen und ernst zu nehmen und mich nicht davon lähmen zu lassen, sondern in Bewegung bringen zu lassen. Ich lese weiter: "Er ließ seinen Begleiter zurück." Ja, das gibt es manchmal im Leben, wo einer alles hinter sich lassen muss, auch die Vertrautesten, und alleine weitergehen muss. Und was heißt das, für den, der nun alleine, auf sich alleine gestellt, weitergehen muss - ohne die Stütze, die der andere vielleicht gerade in der letzten Zeit dargestellt hat. - Und was bedeutet das für den, der zurückbleiben muss, der nicht helfen, trösten, mittragen kann? „Er aber ging in die Wüste." Wüste - Einsamkeit - Gefahren - Bedrohung - Konzentration - Verzicht - Dürre - Durststrecke - Erschöpfung - Resignation. Viele Gedanken stellen sich ein, die mit entsprechenden Gefühlen geladen sind. „Es ist genug!" Er kann nicht mehr, er will nicht mehr, es reicht ihm! Er will nur noch eins: sich hinlegen, einschlafen und nie mehr aufwachen. Was soll ich allein, es hat alles keinen Sinn mehr, es ist alles so leer. Gefühle der Aussichtslosigkeit. Ich weiß, es gibt oft Situationen, wo man ans Ende kommt. Und wieder fällt mir das auf: dem Gottesmann Elia wird das nicht übel genommen. Sein Gefühl der Resignation wird nicht diskriminiert, nicht ausgeredet, nicht verurteilt: wie kannst du das nur tun wollen, denk doch an mich, an dein Kind, an deinen Partner. Nichts dergleichen. Sein Gefühl der Aussichtslosigkeit wird ernst genommen. Wie wichtig ist das, dass alle meine Gefühle erlaubt werden - nicht nur die „guten" Freude, Hoffnung, Glück, sondern was viel schwerer ist, meine Gefühle von Angst, Verzweiflung, Wut, Trauer. Wie wichtig ist, dass ich die haben darf und dass ich einen Menschen finde, der sie merkt und mit mir teilt. Die Geschichte geht weiter: „Und siehe, ein Engel rührte ihn an und sprach zu ihm: Steh auf und iss!" Engel - ob seltsame Vorstellungen uns hindern, zuzuhören. Sie sind ein Engel - vielleicht haben Sie das schon mal zu jemandem gesagt. Hier zu einer Schwester oder einem Arzt. Genau das meint die Bibel mit Engel. Ich hab mal eine relativ kleine Operation gehabt, ich weiß noch, während der Anästhesie kam eine Ärztin und hielt mir die Hand. Ich werde sie nicht vergessen, so kostbar war das für mich. Ein Engel, das ist jemand, der uns wie ein Geschenk des Himmels kommt. Der Engel bei Elia rührt ihn auch an. Vielleicht solch eine Berührung, wie ich sie erlebt habe. Vielleicht jemand, der sagte, ich verstehe deine Angst! Oder ein kalter Waschlappen, der mir auf die heiße Stirn gelegt wurde. Martin Buber erzählt, dass seine Großmutter Adele immer zu sagen pflegte: „Man weiß niemals vorher, wie ein Engel aussieht." Und es gibt ein Buch mit dem Titel »Gottes Engel brauchen keine Flügel«, aber nach der Begegnung mit einem Engel fühlt man sich »beflügelt«. Steh auf und iss! - Ist das nicht ein bisschen banal, was der Engel zu sagen hat? Mehr nicht? Aber es ist das naheliegende - und essen und trinken hält Leib und Seele zusammen, sagt der Volksmund. Elia schläft dann noch mal ein. Aber ich denke mir, er schläft anders. Es ist nicht mehr der Schlaf, der die Augen zumacht vor dem Leben, sondern der Schlaf, wo man regeneriert und für das Wachsein Kräfte sammelt. „Du hast einen weiten Weg vor dir!" Neue Schritte, ein neuer Weg, ein weiter Weg. Ein enger Weg, ein

Weg in die Einsamkeit, Verzweiflung und Angst hatte ihn hierhergeführt - du hast einen weiten Weg vor dir. Ein öffnendes Bild: ein weiter Weg, er geht wohl auch noch durch die Wüste, aber anders. Unser Leben gleicht dem des Elia nicht ganz. Ich bin nicht Elia, und Sie sind es nicht. Aber er hat Erfahrungen gemacht, die unseren manchmal nicht ganz fremd sind. Wie der Weg des Elia weitergegangen ist, kann man in der Bibel nachlesen. Wir wissen nicht, wie unser Weg weitergeht. Ob er überhaupt weitergeht? Ich höre aus dieser Geschichte: es werden nicht mehr die alten Trampelpfade sein. Es wird anders sein, wenn Sie dieses Haus wieder verlassen. Vielleicht wird´s auch noch durch die Wüste gehen. Wüstenerfahrungen bleiben nicht erspart. Aber wohl dem, der Engel findet, die einen berühren, die gut zuhören, und da bleiben, wenn das Leben Mühe macht. Und wenn Sie doch alle Begleiter zurücklassen müssen, dann sei Gott selber der, der Sie begleitet. Amen

Predigt Prediger 3[5]

Alles hat seine Zeit und jegliches Vornehmen unter dem Himmel seine Stunde.
Geborenwerden hat seine Zeit, und Sterben hat seine Zeit;
Pflanzen hat seine Zeit, und Gepflanztes ausreißen hat seine Zeit.
Töten hat seine Zeit, und Heilen hat seine Zeit;
Zerstören hat seine Zeit, und Bauen hat seine Zeit.
Weinen hat seine Zeit, und Lachen hat seine Zeit;
Klagen hat seine Zeit, und Tanzen hat seine Zeit.
Steine schleudern hat seine Zeit, und Steine sammeln hat seine Zeit;
Umarmen hat seine Zeit, und sich der Umarmung enthalten hat auch seine Zeit.
Suchen hat seine Zeit, und Verlieren hat seine Zeit;
Aufbewahren hat seine Zeit, und Wegwerfen hat seine Zeit.
Zerreißen hat seine Zeit, und Flicken hat seine Zeit;
Schweigen hat seine Zeit, und Reden hat seine Zeit.
Lieben hat seine Zeit, und Hassen hat seine Zeit;
Krieg hat seine Zeit, und Friede hat seine Zeit.
Was hat nun der, welcher solches tut, für einen Gewinn bei dem, womit er sich abmüht? Ich habe die Plage gesehen, welche Gott den Menschenkindern gegeben hat, sich damit abzuplagen. Er hat alles schön gemacht zu seiner Zeit, auch die Ewigkeit hat er in ihr Herz gelegt, da sonst der Mensch das Werk, welches Gott getan hat, nicht von Anfang bis zu Ende herausfinden könnte.

„Wo ist die Zeit geblieben?", fragt sich heute mancher, der ein aufregendes, ereignisreiches Jahr hinter sich lässt.
„Das Jahr hat lange gedauert!", das sagen diejenigen, die in dieser Zeit viel Schweres durchmachen mussten.

---

[5] Jahreswechsel 2006/2007

Schon wieder ein Jahr vorbei, so schauen wir auf den Kalender und entdecken, dass sich heute nur eine Zahl ändert. Aber sie deutet mehr, als dass die Erde nun einmal wieder ihre Reise um die Sonne vollendet hat. Diese Zahl, die sich ändert, deutet an, wir werden älter und lassen wieder ein Jahr an Erfahrungen hinter uns.
Wenn wir uns dann an dieses Jahr erinnern, fallen uns zuerst die Begegnungen ein: Weißt du noch, dass Jahr in dem mein Sohn geheiratet hat? In dem unser Kind auf die Welt kam, in dem unsere Enkelin konfirmiert wurde, in dem Jahr als Opa gestorben ist.
Das zeigt eines: wichtig sind die persönlichen Erlebnisse, die Begegnungen mit den Menschen und nicht so sehr eine Zahl, die sich heute ändert.
Trotzdem wollen wir uns als Christen heute vergewissern, dass Gott auf unserer Seite ist auch im Jahre des Herrn 2007.
Neulich ist mir meine Armbanduhr runtergefallen - Steinboden, da war die Uhr kaputt. Nun hat sie mir über 13 Jahre gezeigt, was die Stunde geschlagen hat, und mit einem Schlag war sie kaputt. Einen Augenblick schoss mir ein verwegener Gedanke durch den Kopf: Jetzt hast du keine Uhr mehr - jetzt hast du endlich Zeit. Kindisch - nicht wahr? Aber das war nur ein Augenblick, dann wusste ich, dass die Zeit weitergeht, auch wenn meine Uhr kaputt ist, natürlich! Seitdem bewegt mich die Frage: wie gehe ich mit meiner Zeit um? Wie lebe ich zwischen der Angst, keine Zeit oder zu wenig Zeit zu haben und der Sehnsucht nach Zeit-haben, nach zur-Besinnung-kommen? Warum habe ich sowenig Zeit, warum stöhne ich manchmal über meinen Terminkalender, warum leide ich unter dem Zeitdruck?
Keine Zeit haben, wir leiden zwar darunter, aber es ist ein Ausweis geworden für die Wichtigkeit. Wer keine Zeit hat, wer von einem Termin zum anderen jagt, wer sagt: "eigentlich hätte ich schon seit 10 Minuten dort und dort sein müssen", das muss ein wichtiger Mensch sein, denkt man.

Früher hatten Menschen von hoher gesellschaftlicher Stellung - Könige, Adlige, Fürsten - die meiste Zeit. Zeithaben war damals ein Privileg, ein Nachweis für Reichtum, Besitz, Wohlstand. Mir scheint heute ist das umgekehrt. Wer Karriere macht, hat immer weniger Zeit. Ich habe mir alte Fotos angesehen von dem Dorf in dem ich lebe. Vor jedem Haus stand da eine Bank. Und da saßen die Alten am Abend, am Feierabend, und bedachten den Tag miteinander. Die Bänke sind allmählich verschwunden. Und ebenso hat sich das Zeithaben aus unserem Leben fast unmerklich davongeschlichen.

Das Fernsehen berichtet oft von Massenunfällen auf der Autobahn. Oft mit mehreren Toten, wegen überhöhter Geschwindigkeit. Für mich ist das ein Signal für den tödlichen Charakter der Hetze. Wir leben zu schnell, die Geschwindigkeit ist zu groß, es gibt dabei Tote. Wir schinden Zeit heraus - und wer wird geschunden? Nicht immer - zum Glück - hat die Schnelligkeit so schreckliche Folgen.
Zeit ist Geld. Time is money. Sterbende benutzen die Begriffe oft symbolisch: Sie sagen: „Das Geld reicht nicht mehr!“ und meinen, dass die Zeit ihres Lebens zu Ende geht.

Es gibt zum Glück Signale. Ob die Krankheit ein solches Signal ist, das uns einlädt, innezuhalten? Oft sehen wir nur, wie hinderlich eine Krankheit ist, vielleicht könnte sie einen auch einladen, sich selbst genauer wahrzunehmen. Ist vielleicht meine Krankheit das Signal meines Körpers oder meiner Seele, mir etwas Wichtiges mitzuteilen. Plötzlich hat man Zeit, ja noch schlimmer, die Zeit will gar nicht vergehen. Bisher war möglicherweise der Terminkalender der treuste Begleiter von einem, buchstäblich auf Schritt und Tritt war er bei Ihnen. Plötzlich haben Sie Zeit und wenn die Schmerzen nicht nachlassen wollen oder der Befund noch immer nicht da ist oder der ersehnte Besuch sich verspätet, dann kann die Zeit auch wieder zur Qual werden.

In dem Text aus der Bibel, den ich gelesen habe, heißt es ja: alles hat seine Zeit. Das heißt für mich nicht: Du kannst eh nichts machen, es kommt, wie es kommt. Ich höre da etwas anderes, es braucht alles seine Zeit und irgendwo ist es auch richtig so. Bei dem „geboren werden hat seine Zeit und lachen hat seine Zeit”, da kann ich locker

zustimmen. Aber wie ist das bei dem „wegwerfen hat seine Zeit, zerreißen hat seine Zeit, weinen hat seine Zeit und sterben hat seine Zeit"? Das ist nicht so leicht zu akzeptieren.
Zu lernen, Kranksein hat seine Zeit und braucht seine Zeit und fordert seine Zeit und ich kann es nicht machen wie ich sonst Termine mache. Und ich bin angewiesen auf andere. Ich brauche andere, die meine Schmerzen hören und mein Klagen und mein Schweigen auch.
Was heißt es denn, der andere hat Zeit für mich? Um solche Zeit zu haben, muss sich der andere Zeit nehmen, freimachen für mich, für mich da sein, sich mir zuwenden, auf mich hören, mich ansehen, aushalten, wenn ich weine. Wer Zeit für mich hat, schenkt mir ja nicht nur 60 Minuten, er schenkt mir Leben, Ruhe, Vertrauen, Würde. Zeit haben, das heißt vor allem, dort, wo es draufankommt, meine Zeit zu teilen. Ob das vielleicht das Gegenteil von Zeitsparen ist? Die Zeit zu teilen auf der Bank vor den alten Häusern oder am Krankenbett. Und gerade nicht die Minuten und Stunden zählen. Die Uhr wird vergessen. Augenblicke, in denen wir die Zeit vergessen, vergessen wir nie. "Ich habe erlebt, wie sich die Zeit relativiert und wie ein Sonnenstrahl auf einer Bettdecke soviel Glück auslösen kann wie ein Urlaub in der Karibik."[6] Dann entdecke ich: meine Zeit ist ein Geschenk.

Manchmal will die Zeit nicht vergehen. Wenn man auf etwas wichtiges wartet, z.B.. „Eigentlich kommt die Post immer um elf. Aber heute, wo ich auf einen wichtigen Brief warte... es ist schon zwölf und heute kommt die Post überhaupt nicht." Kennen Sie das? Das warten wird zur Qual, man ist unfähig, was anderes Sinnvolles zu tun in der Zeit.
An der roten Ampel, da wird die Zeit besonders lang. Oder wenn man auf einen Zug wartet. Bei uns in der Klinik auf den Fahrstuhl. Das ist manchmal, wenn man im Zeitdruck ist, kaum auszuhalten. Bei uns in der Medizinischen Hochschule in Hannover da gibt es seit einiger Zeit eine Drehtür am Haupteingang. Egal, wie eilig man ist, man muss da den Schritt verändern, man wird automatisch verlangsamt.

[6] E. Wellendorf S. 11

Noch ein anderes Beispiel fällt mir ein, wo ich genötigt werde, langsamer zu werden. Ich weiß nicht, wer von Ihnen mit einem Computer arbeitet, wenn man ein Programm startet oder wenn man aus dem Internet etwas herunterladen will, das dauert manchmal unendlich lange. – Wo ich meine Kindheit verbracht habe, dort gab es Kalibergwerke. Und ein Arbeiter erzählte einmal, das habe ich behalten: „Wenn wir vor dem Förderkorb stehen und warten, und wenn wir im Förderkorb in den Berg fahren, 800 Meter tief, dann habe ich viel Zeit, ich habe mir angewöhnt, dann zu beten.“ Er nutzt die Zeit, die regelmäßig jeden Tag aufs Neue kommt, um zu beten.

In der Schweiz, habe ich gehört, gibt es in einer Gebirgsgegend die Grußformel: „Zeit lassen", so grüßt der, der vom Berg herunterkommt den, der aufsteigt, und dieser erwidert: „Zeit lassen auch"! Menschen, die in den Bergen leben, wissen offenbar, wie wichtig es ist, dass mein Herz, dass mein Körper mein Tempo bestimmt. Sonst komme ich aus dem Tritt. Ob ich das wohl wieder lernen kann: ich bestimme, wie ich mit meiner Zeit umgehe?

Als ich Kind war, habe ich die Aufforderung gehört: „Tu was, halte nicht Maulaffen feil!" Ich muss gestehen, ich habe mich von diesen Haustieren immer noch nicht ganz getrennt. Ich habe mich bemüht, sie zu zähmen. Und dabei hat mir ein alter Pastor geholfen, der hat einmal erzählt: „Ich liege so gern auf dem Sofa. Meine Frau sagt dann: Du liest nichts, du tust nichts, was ist mit dir los? Dann sage ich: lass mich, ich reife!"

Ich kann mir denken, dass jeder von Ihnen noch eigene Erfahrungen erzählen könnte, wie er oder sie mit der Zeit umgeht, sie nutzt, sie spart, sie teilt. Das wäre, glaube ich, ganz spannend, wenn wir uns das erzählen könnten.

Dass etwas reif wird, braucht Zeit. Gut Ding will Weile haben, sagt der Volksmund. Alles hat seine Zeit, sagt der Prediger. Amen

Predigt Psalm 27, 7 [7]

Liebe Gemeinde, die vergangenen Sonntage hießen Jubilate, Kantate, Rogate. Jubelt, singt, betet. Das ist leicht zu verstehen. Aber der heutige Sonntag: Exaudi. Was soll das heißen? Ich habe die Konfirmanden vor Jahren gefragt, und die haben gesagt: Was ein Audi ist, wüssten sie, und ein Exaudi - das sei dann eben ein Schrottauto. Das klingt ganz witzig, aber es hat mir weitergeholfen. Vielleicht weiß jemand von Ihnen, wie der erste Erbauer des Audi hieß? August Horch. Und vielleicht kennt jemand von den Älteren auch noch Autos der Marke »Horch«, das waren ganz noble Karossen. August Horch gehörte zu den Pionieren des Automobilbaus. Als 1932 seine Firma in andere Hände ging, durfte er seine Autos nicht mehr nach seinem Namen nennen, - also übersetzte er seinen Namen ins Lateinische und baute Autos, die er nun »Audi« nannte. Audi, d.h. Horch! Hör zu! Und Exaudi heißt: Erhöre mich!

Der heutige Sonntag hat seinen Namen nach dem Vers 7 des 27. Psalms: Martin Luther übersetzt: „Herr, höre meine Stimme, wenn ich rufe, sei mir gnädig und erhöre mich!"
Ja, das ist die Botschaft des heutigen Tages. Und meine Predigt könnte ganz kurz sein. Liebe Gemeinde, wenn Sie rufen, seien Sie sicher, der Herr hört Sie! Er ist Ihnen gnädig, das hat er zugesagt, die einzige Bedingung ist, Sie müssen ihn rufen. Damit könnte ich fertig sein mit meiner Predigt, - aber sie wäre nicht nur ein bisschen kurz, was ich schlimmer fände, sie wäre belanglos. Ob ich diese Predigt halte oder nicht, das bedeutet nichts. Sie wäre belanglos, weil Sie nicht vorkommen, weil ich nicht vorkomme und, ich glaube auch, weil Gott nicht vorkommt.

Ich glaube, dass wir die Bibel nur verstehen, wenn wir uns in sie hineinverwickeln, nur wenn wir uns sozusagen selber in den Texten entdecken. Wir wählen auch nur aus, was wir brauchen. Wenn wir uns da nicht finden, dann bleibt sie belanglos, dann

---

[7] Exaudi Mai 2013

hat sie uns auch nichts zu sagen. Wir müssen uns verwickeln, um zu verstehen, was sich in dieser Geschichte an Erfahrungen niedergeschlagen hat. Ich bin sicher, sonst wäre dieses Buch auch nicht entstanden, wenn nicht immer wieder Menschen sich selber darin mit ihren Erfahrungen entdeckt hätten. Um zu verstehen, was dieser Vers an Lebensvergewisserung mitzuteilen hat, müssen wir uns auf die Suche nach uns selber in diesem Text begeben. Dazu möchte ich Sie jetzt einladen.

Martin Buber, der große jüdische Übersetzer des Alten Testamentes, hat in unübertroffener Weise versucht, die Melodie und Dramatik der hebräischen Bibel zu übersetzen. Bei ihm heißt die Stelle: „Höre, DU, meine Stimme, ich schreie, leihe Gunst mir, antworte mir!" Vielleicht spüren Sie den Unterschied. „Höre, DU, meine Stimme, ich schreie!" So schreit jemand, der mittendrin steckt in der Not. Nicht: „falls ich mal in die Situation kommen sollte, zu rufen", sondern hier und jetzt: „Höre, DU, meine Stimme, ich schreie!" Ja, vielleicht kann man diese Worte nur verstehen, wenn man selbst einmal geschrien hat. Ich denke heute besonders daran, dass genau heute vor einem Jahr unser Sohn gestorben ist. Und wenn wir nicht selbst solche Erfahrungen gemacht haben, wenn wir noch nie so geschrien haben, dann müssen wir an die Orte gehen, wo geschrien wird, um zu verstehen, worum es hier geht.

Ich denke dabei zu allererst an die Erfahrungen, die ich hier als Gemeindepfarrer gemacht habe. Und wahrscheinlich finden sich manche wieder, wenn ich nur andeute: Da kommt ein Anruf aus dem Krankenhaus, und der Arzt sagt: „wir müssen Ihnen eine traurige Mitteilung machen..." Oder ich denke daran, wie jemand von einer Operation auf die andere hofft, und statt Besserung häufen sich die Probleme von Mal zu Mal. Oder ich denke daran, dass jemand erfährt, dass der Lebenspartner sich anders orientiert oder längst orientiert hat. Situationen, wo jemand schreit: Höre, Du! Und manche können dann nur sagen: Warum gerade ich? Ganz so wie der, der am Kreuz schrie: warum hast du mich verlassen? Manchmal bleibt einem dieser Schrei auch im Halse stecken. Dann ist das Entsetzen so groß, dass es einem die

Stimme verschlägt. Wer sich in diesen Andeutungen wiederfindet, wird den Schrei „Höre, DU“ verstehen können.

Es gibt im Alten Testament eine Geschichte, in der man sich erzählt, wie das ist, wenn Menschen schreien und wenn Gott hört, sie will ich kurz erzählen: Da sind die Kinder Israel in Ägypten als Gastarbeiter und haben es schwer. Und da gibt es einen unter ihnen mit Namen Mose, der haut ab, der setzt sich ab in ein anderes Land. Er findet eine Frau, gründet eine Familie, hat Arbeit, baut ein Haus und lässt es sich gut gehen. Eine ganz alltägliche Karriere. Da begegnet ihm Gott in einem brennenden Busch. Er sagt: Ich habe das Schreien meines Volkes gehört und ihre Not gesehen, und nun, Mose, musst du hingehen und sie dort herausführen. Und Mose sagt, die werden mich ja fragen, wer hat dich geschickt, was soll ich dann sagen? Da sagt Gott: Sage ihnen, mein Name ist: »Ich bin da!« Das ist mein Name.
Ja, wie hört Gott? Diese Geschichte sagt, er hört durch Menschen, er braucht Menschen, die er in Bewegung bringt. In Anlehnung an Martin Luther würde ich gern sagen: Gott hört auch ohne uns, aber wir bitten in diesem Gebet, dass er auch durch uns hört![8] Ja, wir vertreten Gott, wenn wir die Schreie der andern hören. Wir können uns Augen und Ohren zuhalten, um die Not nicht wahrzunehmen. Dann ist uns Gott sehr fern und fremd, dann sind wir Gott los. Aber wenn wir die Schreie der anderen hören, dann ist Gott bei uns, dann vertreten wir Gott. Wir sind Stellvertreter Gottes. Nicht der Papst in Rom. Jeder der einen Kranken besucht, einem Hungrigen was zu beißen gibt, einen Fremden bei sich aufnimmt, sich gegen das Unrecht und für Gerechtigkeit engagiert, vertritt Gott.
Deswegen finde ich die Übersetzung von Martin Buber so faszinierend, weil er immer, wenn der unaussprechliche Gottesname in der hebräischen Bibel vorkommt, er ihn mit »DU« übersetzt. Gott geschieht in der Begegnung. Und im Neuen Testament sagt Jesus: Wo zwei Menschen in meinem Namen versammelt sind - und

[8] Kleiner Katechismus: 2. Bitte zur Auslegung des Vaterunsers: „Gottes Reich kommt wohl ohne unser Gebet von sich selbst; aber wir bitten in diesem Gebet, dass es auch zu uns komme.“

das heißt doch nicht, fromme Sprüche machen, oder Herr, Herr sagen, sondern das meint doch, wenn zwei in der Praxis des Glaubens beieinander sind, da bin ich da. So hört Gott, er ist dabei, wenn zwei Menschen sich wirklich begegnen.
Ob deswegen in Bosnien der Teufel los ist, weil dort Gott keine Stellvertreter findet? Vielleicht ähneln wir dem Mose mehr, als uns bewusst ist: Was kümmert mich das Schreien des Volkes von Bosnien, in Mali, in Syrien. Ich habe da mehr Fragen als Antworten - auch an mich selber.

Aber nun muss ich auch von den Schwierigkeiten sprechen. So leicht ist das ja gar nicht, Stellvertreter Gottes zu sein. Eigentlich ist mir jetzt erst, als ich über diesen Gottesdienst nachgedacht habe, meine Angst bewusst geworden, die ich immer hatte, wenn ich früher Kranke besuchte. Ich hatte eine panische Angst, dass sie mich fragen würden, warum gerade ich, ich habe doch nichts Böses gemacht! Und ich habe immer gedacht, dafür hast du nun 5 Jahre Theologie studiert und weißt doch keine Antwort. Und wenn du ihnen sagst, Gott wüsste das selber, warum er sie so plagt, dann spürte ich, dass ich diese Antwort erstens nicht glaubte und zweitens unverschämt fand. Also konnte ich diese Antwort nicht gebrauchen. Und wenn ich sagen würde: „Na, wer weiß, ob Sie wirklich immer so ein anständiger Mensch gewesen sind, wie Sie jetzt von sich behaupten, wer weiß, ob das stimmt!" Das würde wahrscheinlich dem Betroffenen auch nicht weiterhelfen. Ich habe lange Zeit gebraucht und dabei freundliche Lehrer und Lehrerinnen gehabt, um zu verstehen, dass ich gar keine theologische Antwort geben muss auf die Worte: Warum gerade ich? Wer so klagt, braucht keine Antwort, sondern ein menschliches Ohr, dass das Seufzen aufnimmt, erhört, Resonanz gibt, versteht, so dass sich der andere selbst wieder versteht. „Bleibet hier und wachet mit mir" darum geht es. Aber schon den Jüngern damals im Garten Gethsemane ist das schwer gefallen, einfach auszuhalten, einfach dazubleiben.
Und ich merke, wenn ich heute in der Ausbildung mit Krankenschwestern oder Pastoren, Pastorinnen arbeite wie leicht es passiert, dass jemandem, der voller Angst ist, Hoffnung eingeredet wird und wie große Widerstände zu spüren sind, wenn ein

anderer seine Angst, seine Sorge, seine Kränkung, seine Verletzung, seine Zweifel aussprechen - äußern, was innen ist - und es loswerden will. Nicht umsonst heißt es in unserem Psalmvers: Höre! Leihe Gunst mir! Ich übersetze: leihe dein Ohr mir! Antworte mir, bzw. Erhöre mich! So einfach ist das Zuhören, das Erhören, das Resonanzgeben nicht. Und wenn es einmal gelingt, dann ist es ein Geschenk. Menschen, die einmal so erhört worden sind, sagen oft, wie gut ihnen das getan hat, dass sie mal alles losgeworden sind, dass Sie sich mal äußern konnten.

Eine Krankenschwester kam in eine Supervisionsgruppe, das ist eine Gruppe in der man die Last, die einem bei der Arbeit auf die Seele gelegt wurde, aussprechen kann und sich selber wieder besser versteht. Die berichtete von einem alten, über 90jährigen Mann, den sie täglich waschen musste. Und jeden Tag gab es einen Kampf. Der Alte sagte immer. Lass mich doch sterben, du brauchst mich nicht mehr zu waschen! Und sie sagte täglich: Ich muss Sie waschen, damit Sie sich nicht wund liegen. Und dieser tagtägliche Kampf hat der Schwester viel Kraft gekostet, so dass sie darüber sprechen musste. „Ich find das unerhört", sagte sie, „der sollte doch eigentlich dankbar sein". In der Gruppe haben dann alle anderen die Schwester sehr unterstützt, sie habe schließlich eine Verantwortung und einen Arbeitsauftrag. „Ja," sagte ich, „aber der alte Mann muss offenbar dauernd darüber sprechen, dass er sterben will, Sie sagten eben, das sei unerhört, das finde ich auch, er ist unerhört und offensichtlich gibt es keinen Menschen, der das hört. Und solange er nicht erhört wird, bleibt er unerhört, und solange muss er davon sprechen." Dann konnte die Schwester in der Gruppe davon reden, dass sie ja angetreten sei, um den Menschen zu helfen, da fiele es ihr doch schwer, hinzunehmen, dass er sterben will, das empfinde sie als persönliches Versagen. Durch die Gruppe konnte sie verstehen lernen, dass das Sterben auch zum Leben gehört, und keine Niederlage darstellt.- Am nächsten Morgen konnte die Schwester zu dem alten Mann sagen: Ich höre, dass Sie sterben wollen und das kann ich verstehen. Ich möchte Sie nicht gegen Ihren Willen waschen. Darf ich heute Ihr Gesicht und Ihre Hände waschen? Das war die letzte Begegnung dieser Schwester mit diesem alten Mann,- dann ist er gestorben.

Höre, Du, meine Stimme, ich rufe, leihe dein Ohr mir, antworte mir!
Ich will hier bei dir stehen, verachte mich doch nicht;
von dir will ich nicht gehen, wenn dir dein Herze bricht.
Amen

Predigt Psalm 103, 1-2[9]

„Lobe den Herren, den mächtigen König der Ehren," dieses Lied ist in Anlehnung an den 103. Psalm gedichtet, der beginnt:
Lobe den HERRN, meine Seele, und was in mir ist, seinen heiligen Namen!
Lobe den HERRN, meine Seele, und vergiss nicht, was er dir Gutes getan hat.

Das letzte Mal, als ich diesem Vers begegnet bin, wurde er mir um die Ohren geschlagen. Ich besuchte einen Patienten, Mitte 50. Die Schwester hatte gesagt: „Gehen Sie mal dahin, der braucht Sie vielleicht!" Nun hatte ich angeklopft, hatte mich vorgestellt: „Ich bin Seelsorger und möchte Sie besuchen!" Da platzte er heraus: „Gehen Sie mir doch weg mit Kirche. Sehen Sie sich diesen Spruch da an" – er wies mit der Hand auf ein Spruchbild an der Wand – „vergiss nicht, was er dir Gutes getan hat! Was hat er mir Gutes getan? Krebs hat er mir gebracht. Soll ich dafür dankbar sein?"
Überlegen Sie mal, was hätten Sie gesagt?
„Das haut mich um, wie wütend Sie sind, da muss ich mir erstmal einen Stuhl nehmen." „Ja, setzen Sie sich, ich kann Ihnen noch mehr anbieten. Vor 10 Jahren ist meine Frau abgehauen. Ich hab ein großes Geschäft. Ich hab das aufgebaut. Mich

[9] Posaunenfest auf dem Dorfplatz in Satemin

nicht geschont, und dann hat sie sich einfach von heut auf morgen einen anderen angelacht. Weg war sie. Und dann musste ich das alles allein hinkriegen. Und jetzt hat der Arzt gesagt: Mann, hat er gesagt, warum sind Sie nicht früher gekommen!"

„Ich verstehe, Sie haben viel Grund wütend zu sein"

„Und jetzt liege ich hier, Schmerzen, Sorgen, wie geht das weiter... mit dem Betrieb."

„wie geht das weiter?" wiederholte ich.

Das Gespräch hat lange gedauert. Die Bibel schildert uns viele Situation in denen Menschen in ihrem Unglück, in ihrer Wut, in ihrem Glück gebetet haben. Es gibt in ihr ein ganzes Gebetbuch, nämlich das Buch der Psalmen im Alten Testament. Der 13. Psalm lautet:

„Wie lange, 0 Herr, willst du meiner so ganz vergessen? Wie lange verbirgst du dein Antlitz vor mir? Wie lange soll ich Schmerzen hegen in meiner Seele, Kummer im Herzen Tag und Nacht?"

Wir wissen heute nicht mehr, was genau das Unglück dieses Betenden war. Wir wissen nicht, wer seine Feinde waren, gegen die er vor Gott redet. Aber wie dieser Betende sich verhält, das gefällt mir. Zuerst etwas ganz Wichtiges: er nennt die Sachen beim Namen. Er sagt nicht: Ja, ja, so ist das Leben! Er nennt sein Unglück. Er ist nicht einverstanden mit seinem Unglück. So wie der Krebspatient, der hat das auch nicht einfach hingenommen.

Der Psalmbeter stellt Gott fast drohend ein paar Fragen: Wie lange willst du mich vergessen? Wie lange willst du noch wegschauen, wenn meine Feinde mich verfolgen? Wie lange soll ich mich noch kaputtmachen lassen? Wie lange soll das Unrecht noch über die Armen siegen? Wer Fragen an Gott stellt, resigniert nicht. Wer so fragt, in dem ist Aufruhr, der hat den ersten Schritt schon getan zum Widerstand gegen das Unrecht, das ihm und den anderen angetan wird. So der Psalmbeter.

Der Mann im Bett hat nichts von Gott gesagt. Ich glaube, das ist das Schwierigste für uns, wir müssen lernen hinter solchen Aggressionen und Wutausbrüchen den Schrei, die Klage an Gott zu hören. Er hat es ja nicht gegen irgend jemanden geschrien, sondern gegen mich, der ich als Stellvertreter Gottes an sein Bett gekommen bin:

„Gehen Sie mir doch weg mit Kirche. Sehen Sie sich diesen Spruch da an: vergiss nicht, was er dir Gutes getan hat! Was hat er mir Gutes getan? Krebs hat er mir gebracht. Soll ich dafür dankbar sein?“

Das Alte Testament sagt es ganz klar: das Schreien hören und die Not sehen, da sein, wo die Opfer sind, das ist die Aufgabe von denen, die zu Gott gehören wollen, und damit beginnt Befreiung, damit fängt was Neues an.

Er hat dann viel erzählt aus seinem Leben. Von Scheitern und von Erfolgen war da die Rede, mir kam es so vor, als ob er Bilanz zieht wie ein Buchhalter. Strich drunter. Und die Angst vor dem Sterben: „ich bin zu spät zum Arzt gegangen!... und was sagen Sie nun?“ Ich war erst mal platt über soviel Not und über die direkte Frage an mich. Dann erwiderte ich: „Ich frage mich, ob Sie das alles mal Gott gesagt haben, der muss das wissen.“

Er sagte leise, „meinen Sie, das kann man Gott sagen?“

Am Ende sagte er noch: „Danke, dass Sie nicht weggelaufen sind am Anfang. Jetzt bin ich doch was los geworden von meiner Wut“ – und er fügte etwas schüchtern an – „und von meiner Angst!“

Loben das kann man nicht, wenn die Wut und die Angst noch in einem steckt. Das muss erst raus. Das muss Gott wissen, das muss er zu hören kriegen. Manche denken ja, dass Gott nur für das Gute und Schöne da ist. Dass Gott alles schön redet: „alles wird gut!“ so sagen die das im Fernsehen manchmal. Andere sagen, du musst positiv denken: „Mach es wie die Sonnenuhr, zähl die heit’ren Stunden nur!“

Wenn es mir gut geht, dann vergesse ich Gott leicht. Die Bibel ermutigt uns, uns mit allem an Gott zu wenden, mit Klagen, Schreien, Schmerzen, Weinen und mit unsern Wünschen, Loben, Preisen, Rühmen und Danken. Wenn wir darauf verzichten, wird unser Leben sang- und klanglos. Eine Sprache finden für das, was wir wünschen und beklagen, nennen wir beten.

2. Teil

Lobe den Herrn, meine Seele, und vergiss nicht, was er dir Gutes getan hat.

Braucht das Gott, dass er gelobt werden muss?

Ich weiß, ich brauch das. Es tut mir gut, wenn jemand mich lobt. Ihnen, den Sateminer tut das gut, - denke ich mir - dass Sie gelobt werdet. Das heißt, dass Sie wahrgenommen und geachtet werdet, dass so viele Menschen auch aus den umliegenden Dörfern und Gemeinden zu Ihnen kommen und mit Ihnen dieses Jubiläum feiern. Sie alle nehmen die Sateminer wahr und loben Sie und danken Ihnen. Ich glaube, wir alle brauchen das, dass wir beachtet, wahrgenommen werden, wir brauchen das fast so sehr, wie gute Luft zum Atmen.

Aber Gott? Dass wir ihn, dass ich ihn loben, segnen soll, ist das nicht eine verrückte Anmaßung? Ist es nicht ein bisschen viel, dass meine Seele, diese meine ohnmächtige, verzweifelte Seele, ihn, den Gott, segnen kann? Die Psalmen leben von solchen verrückten Aufgaben, was die Seele tun kann. Es stimmt nicht, dass die Bibel den Menschen klein macht, sie sieht ihn als fähig an, Gott zu segnen, ihn zu loben. Und das Lob ist ein lauter Protest gegen die graue und grausame Wirklichkeit, ein Bekenntnis des Vertrauens: Gott hält die Welt in seinen Händen. Das ist übrigens schon Weihnachten so, dass die einfachen Menschen kommen und Gott wärmen und ihm was zu essen bringen. Die Hirten, die sonst nichts zu sagen haben, loben Gott. Er braucht das.

Vergiss nicht, was er dir Gutes getan hat. Wie ist das möglich, dass man in der Not trotzdem auf Gott hofft und dankbar an das denkt, was man von diesem Gott bekommen hat. Das kann man nicht auf Befehl, in dem Psalm sagt ja das ICH zu der eigenen Seele: Lobe den Herrn meine Seele. Wie kann man die Spuren Gottes im eigenen Leben entdecken?

Wer Gott lobt, stellt sich selbst nicht in den Mittelpunkt, sondern setzt sich in Beziehung. Wer Gott lobt, bleibt nicht bei sich, bei seinen Klagen, bei seinen Schmerzen, bei seinen Fehlern. Gott loben, das verändert einen. Das Leben wird lebenswert, wenn es eine Adresse gibt, wo ich Dank sagen kann. Ja, das Leben wird lebenswert, wenn es eine Adresse gibt, wo ich meine Klage sagen kann. Und dazu müssen wir wohl immer wieder ermutigt werden: Lobe den Herrn meine Seele und was in mir ist seinen heiligen Namen. Lobe den Herrn meine Seele und vergiss nicht, was er dir Gutes getan hat.

Die Spuren Gottes im eigenen Leben entdecken und dafür Gott loben. Ich bitte manchmal Menschen im Krankenhaus, dass sie mir etwas erzählen von den Spuren Gottes in ihrem Leben. Erst habe ich mich das nie getraut, weil ich dachte, die Menschen lachen mich vielleicht aus. Aber ich bin immer wieder beeindruckt, was Menschen erzählen können, von dem Gott, der sie in ihrem leben begleitet hat.

Sie müssen mal durch Satemin mit offenen Augen gehen. Da können wir alle lernen, wie die Menschen vor 153 Jahren eingemeißelt haben, was Gott mit ihnen gemacht hat, wie er mit Feuer das ganze Dorf verbrannt hat und wie sie an ihm festhalten und ihn bitten und loben und danken, er solle sie weiterbewahren, obwohl er sie doch gerade mit Feuer geschlagen hat. „Gott, dessen Macht des Feuers Kraft zum Segen und Verderben schafft, mit welcher schrecklichen Gewalt verwüstet es, wie leicht und bald. Ach, manche Häuser hats verzehrt und mancher Menschen Glück zerstört. Auch dies hat deine Hand getan doch beten wir dich lobend an." So steht es auf dem Spruchbalken des Hauses dort vorne. Das Leben wird reicher, wenn wir uns mit ihm verbinden.

Vor einem Jahr hat hier auf dem Dorfplatz Herward Schulz aus der Geschichte des Sateminer Chores erzählt, wie es anfing, und wie es nach dem Krieg wieder weiter ging, und von Heinrich Esser, dem alten Pastor, der auch Bauer war, usw. Das sind die Spuren Gottes, an die man sich erinnern muss.

Man kann das alles auch vergessen, dann sind wir gottlos! Aber weil das Leben mit Gott lebenswerter ist, deswegen mahnt der Psalmbeter: „Lobe den Herrn meine Seele und vergiss nicht, was er dir Gutes getan hat!"

3. Teil

Was hat der Neandertaler mit „Lobe den Herrn" zu tun?

Das ist eine kleine Geschichte. Östlich von Düsseldorf an der Straße nach Mettmann wurden 1856 die prähistorischen Knochenreste des Neandertalers gefunden. Aber warum heißt dieser Mensch aus grauer Vorzeit Neandertaler? Man muss bis in das Jahr 1674 zurückgehen. Damals wurde ein junger Mann namens Joachim Neander (sein Vater hatte Neumann geheißen) mit 24 Jahren Rektor der Lateinschule der reformierten Gemeinde in Düsseldorf. So gewaltig der Titel klingen mag, das Amt war unbedeutend und armselig. Schließlich bestand die ganze Lateinschule nur aus zwei Klassen. Entsprechend kümmerlich war die Entlohnung, 78 Taler im Jahr, was man wirklich nur als Hungerlohn bezeichnen konnte. Zum Glück hatte der junge Mann noch keine Familie. Eigentlich wollte Neander Pfarrer werden. Aber unzählige arbeitslose Bewerber bemühten sich damals um eine frei werdende Stelle. Bei der Jugend Neanders war es ganz unmöglich, auf ein Pfarramt berufen zu werden. So musste er sich mit der Schulmeisterstelle begnügen. In seinen freien Stunden wanderte er oft in jenes wildromantische Tal der Düssel hinaus, das der Stadt Düsseldorf ihren Namen gab. In der Einsamkeit der Höhlen, Felsen und Schluchten des Kalksteingebirges dichtete und sang er seine unvergleichlich herrlichen Loblieder. Dazu gehört der wohl bekannteste Choral:

Lobe den Herren, den mächtigen König der Ehren!

Lobe den Herren, der alles so herrlich regieret, der dich auf Adelers Fittichen sicher geführet, der dich erhält, wie es dir selber gefällt; hast du nicht dieses verspüret?

Heute ist leider die eindrucksvolle idyllische Landschaft und die reizvolle Tal nicht mehr zu sehen, weil die großen Gesteinswände im letzten Jahrhundert zur Gewinnung von Zement abgetragen wurden. Doch schon früh hat man dieses Tal in der Felsenschlucht nach jenem jungen Dichter Joachim Neander »das Neandertal« genannt, dort wo 1856 die prähistorischen Knochenreste des Neandertalers gefunden wurden. Lange Zeit zeigte man auch noch bei Mettmann die Neanderhöhle, wo der junge Neander Gläubige aus dem benachbarten Bergischen Land traf und sich mit ihnen über der Bibel stärkte. Vor nichts hatte damals die organisierte Kirche so viel Angst wie vor solchen Versammlungen, wo sich Leute trafen, die nach Luthers Anregung mit Ernst Christen sein wollten. Das erregte bei der Kirchenbehörde das Misstrauen, dass sich diese Leute ganz bewusst von der kirchlichen Organisation, aber auch von der Theologie der Pfarrer, lossagen wollten, um allein dem Wort der Bibel zu vertrauen. Man wollte ihnen nicht zugestehen, dass sie das Wort Gottes auch allein verstehen und auslegen könnten. Es sollte leider lange dauern, bis man in der

Kirche entdeckte, dass solche biblischen Hausgruppen eine wunderbare Ergänzung kirchlichen Lebens sind. Damals aber wurden diese treusten Glieder der Kirche mit Angriffen und Verdächtigungen immer weiter von der Kirche fortgetrieben und ausgestoßen. Joachim Neander traf sich dort im Freien mit diesen Gläubigen und predigte ihnen und sang mit ihnen. Als er im Jahre 1680 mit dreißig Jahren starb, hatte er 72 Choräle gedichtet. Das berühmteste davon ist unser Choral. Amen

Predigt Lukas 2 [10]

Liebe Gemeinde! Wie oft mögen Sie in Ihrem Leben den Ruf des Engels schon gehört haben: Fürchtet euch nicht! Siehe, ich verkündige euch große Freude!? Wie oft mögen Sie mit dieser Botschaft schon Weihnachten gefeiert haben? Anderswo als im Krankenhaus - mit Ihrer Familie, in ihrer Wohnung, mit Freunden oder auch allein. Jedenfalls in besseren Zeiten und unter angenehmeren Umständen, als sie der Aufenthalt im Krankenhaus nun einmal auch bei bester Pflege und Betreuung mit sich bringt.
Aber nun erreicht Sie der Ruf des Engels aus der Weihnachtsgeschichte hier in der Klinik: Fürchtet euch nicht! Siehe, ich verkündige euch große Freude!

Und ich kann mir denken, dass manche unter ihnen bei sich sagen: "Nein, mich erreicht der Ruf des Engels nicht. Ich höre ihn zwar, aber ich kann doch wohl nicht gemeint sein; denn Freude, große Freude - das gilt den Kindern, die sich noch richtig freuen können; vielleicht gilt es auch Familien, wo heute alle beisammen sind und sich beschenken, das gilt für die Gesunden und Glücklichen. Aber nicht für mich; denn ich bin krank, ich bin allein, bin einsam. Ich hab Sorgen und Ängste, und ich

[10] Heilig Abend 1993 in der Medizinischen Hochschule Hannover

fürchte mich vor dem, was auf mich zukommt. Weihnachten - das fällt diesmal für mich aus."

Ob mancher sich wiederfindet, in diesen Gedanken. Nein, sagen wird das kaum einer, jedenfalls nicht so laut, dass es die Angehörigen hören, weil sie die nicht noch mehr bedrücken wollen, als sie das ohnehin schon sind; denn auch für die Familien zu Hause wird Weihnachten anders sein, wenn einer fehlt, mit dem man sonst sein ganzes Leben teilt.

Ich blicke noch einmal in die Weihnachtsgeschichte. Wie viel Gesundheit ist da eigentlich, wie viel Schönheit, wie viel süßer Duft? In dem Stall da, kein Platz, und dann diese Hirten, das war damals der letzte Berufsstand, verachtet überall. Ja, und im Zusammenhang mit dieser Geburt passieren Morde, alle kleinen Jungs werden umgebracht, und dann mussten sie fliehen, ins Ausland, ins Exil, ins Asyl.

Genau das ist Weihnachten. Als ob das zusammengehört: Geburt und Tod, Engel und Gesindel von Hirten, Volkszählung, Ausbeutung der Armen und Flucht auf der einen Seite und Frieden auf Erden und Fürchtet euch nicht auf der andern Seite.

Was ist das Besondere daran? Gab und gibt es das nicht alle Tage? Dass arme Leute Kinder kriegen für die es keinen Platz gibt und kein Land, das sie ernährt? Dass Morde passieren? Dass Menschen sterben, dass Menschen auf der Flucht sind? Was ist das Besondere daran? Das ist doch kein Grund, um Weihnachten zu feiern.

Zunächst fällt mir auf, dass Weihnachten dort offenbar ist, wo die Leute nicht klar kommen, bei denen, für die kein Platz da ist, bei denen, die sterben, bei denen, die kein Wort mehr rausbringen, weil ihnen die Kehle alles zuschnürt, bei denen, wo heute die Einsamkeit besonders drückt. Mir geht es so, dass ich die Christvesper am Heiligen Abend am liebsten bei Ihnen hier in der Klinik feiere. Hier hat es für mich einen tiefen Sinn, Weihnachten zu feiern. In der Tat, so sagt es die Bibel: Den Armen wird die frohe Botschaft gesagt, die Angst haben, werden selig gepriesen.

Weihnachten ist da, wo das Leben Mühe macht, wo es nicht gelingt. Wo man sich fürchtet. „Denn sie fürchteten sich sehr," heißt es von den Hirten. Für mich ist deswegen hier in der Klinik der Ort, wo Weihnachten zu feiern ist. Hier bin ich am Heiligen Abend gern.

In dem Evangelium von Weihnachten wird die Not, der Gestank, die Armut, das Ausgeliefertsein sehr ernst genommen, dann wird aber nicht geschwiegen, sondern dagegen wird gesetzt: Fürchtet euch nicht! Freude wird sein! Beides wird in einen Zusammenhang gebracht: die Not und die Angst und die Befreiung und Entlastung davon. Ich kann vieles hier in diesem Haus und in unserer Welt nur aushalten, ich kann nur damit leben, wenn ich gegen das, was ich sehe auch formuliere, wie ich die Welt brauche, wie ich das Leben wünsche. Dieses Haus voller Schmerzen und Ängste und ich brauche dagegen diese engelhafte Botschaft: Fürchtet euch nicht! Freude soll sein.

Ich denke, das ist die Sprache des Glaubens: sich nicht abfinden und einrichten und arrangieren, wie es ist, sondern dagegen zu singen und zu sprechen, dass Gott abwischen wird alle Tränen, und der Tod wird nicht mehr sein, noch Leid, noch Geschrei, noch Schmerz wird mehr sein.

Vielleicht haben Sie das auch mal erlebt, dass Sie vor jemandem ihre ganze Sorge und Hoffnungslosigkeit und ihre Schmerzen sagen konnten und ihre Sehnsüchte, ihre Wünsche, dass es anders werden soll, dass sie sich dann verstanden gefühlt haben. Wo wir uns verstanden fühlen, da kann etwas in Bewegung kommen.

Am Ende der Geschichte heißt es von den Hirten, sie preisen und loben Gott. Die noch nie etwas zu sagen hatten, fangen zu reden an. Sie preisen Gott. Über ihre Lippen kommen nicht mehr nur Seufzer, und ihre Zunge ist nicht mehr nur dazu da, das Leben zu beklagen. Sie finden etwas, was zu preisen ist. Und jeder Preis des Lebens macht das Leben lebenswerter.

Sie preisen Gott. Gott ist ein Kind geworden, ein Kind armer Leute. Er ist von nun an eindeutig dort, wo das Leben Mühe macht. - Und wie geschieht das, mögen Sie fragen? Wo zwei versammelt sind in meinem Namen, da bin ich. Wo Begegnung ist, wo Berührung ist, da bin ich. Dort geschieht Weihnachten. Und wenn ich es richtig verstehe, dann tragen wir alle diese alte Sehnsucht nach Begegnung und Berührung in uns. Vielleicht hat diese heilige Nacht diese große Bedeutung für uns alle, weil wir so bedürftig sind. - Gott weiß, wo er gebraucht wird, deswegen ist er von Anfang an an der Seite derer, wo nicht alles glatt läuft, sondern dort, wo das Leben beschädigt ist, bei den Brüchen des Lebens.

Amen

Predigt Mt. 2 mit Holzschnitt „Flucht nach Ägypten“ [11]

Als Jesus geboren war in Bethlehem in Judäa zur Zeit des Königs Herodes, siehe, da kamen Weise aus dem Morgenland nach Jerusalem und sprachen: Wo ist der neugeborene König der Juden? Wir haben seinen Stern gesehen im Morgenland und sind gekommen, ihn anzubeten. Als das der König Herodes hörte, erschrak er und mit ihm ganz Jerusalem, und er ließ zusammenkommen alle Hohenpriester und Schriftgelehrten des Volkes und erforschte von ihnen, wo der Christus geboren werden sollte. Und sie sagten ihm: In Bethlehem in Judäa; denn so steht geschrieben durch den Propheten: »Und du, Bethlehem im jüdischen Lande, bist keineswegs die kleinste unter den Städten in Juda; denn aus dir wird kommen der Fürst, der mein Volk Israel weiden soll.« Da rief Herodes die Weisen heimlich zu sich und erkundete genau von ihnen, wann der Stern erschienen wäre, und schickte sie nach Bethlehem und sprach: Zieht hin und forscht fleißig nach dem Kindlein; und wenn ihr's findet, so sagt mir's wieder, dass auch ich komme und es anbete. Als sie nun den König gehört hatten, zogen sie hin. Und siehe, der Stern, den sie im Morgenland gesehen hatten, ging vor ihnen her, bis er über dem Ort stand, wo das Kindlein war. Als sie

[11] Die Flucht nach Ägypten - Holzschnitt von Hellmuth Uhrig (http://www.quatember.de/J1987/b87200.htm)
In: Edith Thomas: Gottes Weg. Eine Christenfibel. Kassel 1956, S. 51

den Stern sahen, wurden sie hoch erfreut und gingen in das Haus und fanden das Kindlein mit Maria, seiner Mutter, und fielen nieder und beteten es an und taten ihre Schätze auf und schenkten ihm Gold, Weihrauch und Myrrhe. Und Gott befahl ihnen im Traum, nicht wieder zu Herodes zurückzukehren; und sie zogen auf einem andern Weg wieder in ihr Land.

Als sie aber hinweggezogen waren, siehe, da erschien der Engel des Herrn dem Josef im Traum und sprach: Steh auf, nimm das Kindlein und seine Mutter mit dir und flieh nach Ägypten und bleib dort, bis ich dir's sage; denn Herodes hat vor, das Kindlein zu suchen, um es umzubringen. Da stand er auf und nahm das Kindlein und seine Mutter mit sich bei Nacht und entwich nach Ägypten und blieb dort bis nach dem Tod des Herodes, damit erfüllt würde, was der Herr durch den Propheten gesagt hat, der da spricht »Aus Ägypten habe ich meinen Sohn gerufen.«

Als Herodes nun sah, dass er von den Weisen betrogen war, wurde er sehr zornig und schickte aus und ließ alle Kinder in Bethlehem töten und in der ganzen Gegend, die zweijährig und darunter waren, nach der Zeit, die er von den Weisen genau erkundet hatte. Da wurde erfüllt, was gesagt ist durch den Propheten Jeremia, der da spricht »In Rama hat man ein Geschrei gehört, viel Weinen und Wehklagen; Rahel beweinte ihre Kinder und wollte sich nicht trösten lassen, denn es war aus mit ihnen.«

Als Sie die Erzählung von der Geburt Jesu zum ersten Mal gehört haben, waren Sie noch ein Kind. Wahrscheinlich sind Sie noch gar nicht zur Schule gegangen, als Ihre Eltern Sie zum ersten Mal zur Christvesper mitgenommen haben. Eine lange Zeit ist seitdem vergangen. Vieles ist in den Jahren und Jahrzehnten anders geworden - aber die Weihnachtsgeschichte wollen Sie nicht vermissen. Das geht mir auch so.

Ist das für Sie eine Kindheitserinnerung - so wie man sich an die erste Puppe oder das erste Dreirad auch ganz gerne erinnert - oder ist die Weihnachtsgeschichte doch noch etwas anderes, vielleicht sogar eine Antwort auf eine Sehnsucht, die man sehr gut kennt, über die man aber kaum spricht?

Für manche verkörpert die Weihnachtsgeschichte ein Stück heile Welt, dargestellt in einer Sprache, die feierlich und altertümlich zugleich klingt. Manche suchen ja auch diese heile Welt hier in den Weihnachtsgottesdiensten - feierlich und stimmungsvoll.

Ich will dem nachgehen. Wenn wir das Lukasevangelium genau lesen, da ist von Politik und Steuerrecht die Rede. Der römische Staat braucht Geld für seine Landesverteidigung. Die Steuererhebung, vom Kaiser Augustus befohlen, hat freilich etwas bewirkt, was gar nicht beabsichtigt war: Josef und Maria müssen nach Bethlehem. So wird eine politische Maßnahme, eine Steuergeschichte, die den Betroffenen damals sowenig gefallen hat wie uns heute, zu einem Baustein in Gottes Plan. Manchmal ist Gott auch dort am Werk, wo wir es überhaupt nicht vermuten.

Aber nicht nur bei Lukas geht es recht unfeierlich zu: Steuern, Stall, Krippe und die letzten Menschen, die Hirten. Bei Matthäus wird's geradezu brutal.

Nehmen Sie doch noch einmal den Zettel zur Hand. Ich weiß nicht, was Ihnen das Bild von Hellmut Uhrig gesagt hat, als Sie es vorhin zum ersten Mal angeschaut haben.

Links unten - das sind wir gewohnt: Maria mit dem Jesuskind auf einem Esel reitend und Josef gestützt auf den Stock. Das Bild kennt man. So stellen wir uns - ohne das Jesuskind - den Weg von Nazareth nach Bethlehem vor. Der Esel steht dann mit dem Ochsen an der Krippe. Und dann sind sie auf der Flucht nach Ägypten - ja auf der Flucht. Aber auch diese kleine Szene da unten links ist doch auch noch ein friedliches, gemütliches Bild. Aber was heißt „auf der Flucht"?

Der Künstler hat sich mit diesem Teil links unten nicht zufrieden gegeben. Der größte Teil des Bildes ist ein dunkler schwarzer Wolf, der bedrohlich seinen Rachen aufgesperrt hält. Was soll das an Weihnachten? Ist das nicht Angstmacherei, und davon wollen wir wenigstens an Weihnachten nichts hören. Wenn Sie genau hingucken, erkennen Sie in dem Wolf angedeutet: einen sitzenden König, eine klagende Frau und ein Kind mit einem Schwert in der Brust.

So erzählt es Matthäus: diese beglückende Geburt - wo sogar aus fernen Ländern reiche Könige kommen - hat für andere Neugeborene böse Folgen. Sie werden alle brutal ermordet, weil es ein König so will, weil er um seine Macht fürchtet, weil er es befohlen hat und er genug Untertanen hat, die ihre Pflicht tun, und ihre Pflicht ist, die Befehle gehorsam auszuführen, also ermorden sie alle Knaben bis zu zwei Jahren in Bethlehem - das ist auch Weihnachten!

Und noch eins hat der Künstler dargestellt. Zwischen dem Wolf und der fliehenden Familie ist ein Engel, der seine schützende Hand über sie hält. Vielleicht sagen Sie, das gibt es doch gar nicht: solch einen Wolf, und so einen Engel auch nicht. Ich verstehe das als Bilder für etwas anderes: für die bösen Mächte in und um uns und für die guten Kräfte. Wir neigen dazu, Weihnachten nur alles in Goldglanz zu sehen. Ich weiß nicht, wie es Ihnen geht. Ich muss an Weihnachten immer auch an Tante Mariechen denken, die sich Weihnachten immer ein paar Stunden einschloss, weil ihr Mann im ersten Krieg gefallen war und der einzige Sohn im zweiten. Offenbar hatte sie eine Weise gefunden, dem Schatten ihres Lebens auch an diesem Tag einen besonderen Raum zu geben. Und ich bin am Heiligen Abend gern zur Christvesper in der Medizinischen Hochschule, wo sich viele Kranke versammeln, die eben nicht an Weihnachten - nicht einmal vorübergehend - nachhause können. Und ich muss in diesem Jahr an Andreas denken, ich habe ihn kennengelernt, da war er sieben, als er 14 war habe ich seinen Vater beerdigt, der ganz unerwartet gestorben war, siebenzwanzig Jahre ist er jetzt, vor 8 Wochen hatte er einen schweren Unfall, nun liegt er vom Hals an gelähmt in einem Krankenhaus und wahrscheinlich wird er nie mehr richtig rumlaufen können.

Nicht dadurch wird Weihnachten, dass wir die Augen zumachen und drei Tage so tun als gäbe es ein Stück heile Welt. Nicht dadurch wird Weihnachten, dass wir unsere Angst verschweigen, über das, was uns das Leben schwermacht. Nicht dadurch, dass wir für ein paar Mark anderen ein Geschenk kaufen. Das dient dem

Weihnachtsgeschäft. Sondern dadurch wird Weihnachten, dass wir in der Gefahr, angesichts unserer Ängste, der Einsamkeit, der irrsinnigen Zwiespältigkeiten uns der beschützenden Hand Gottes vergewissern. Und wenn wir von dieser beschützenden Hand nichts spüren, sondern alles in uns zum Verzweifeln ist, dann ist diese Verzweiflung nicht zu verschweigen, sondern sie muss Gott gesagt werden: warum solches Leid, warum solche Unfälle, solche Krankheiten, die eine ganze Familie zum Verzweifeln bringen.

Ich glaube, wir können nur leben, wenn wir die schwarzen, dunklen Mächte - auch die Schattenseiten in uns - ernst nehmen und ihnen nicht einfach Macht über uns einräumen. Das tun wir, wenn wir ihnen recht geben, indem wir sie zudecken, verschweigen. Nein, auch die Klage über Gott gehört zu Weihnachten, wie uns die Mutter auf dem Bild lehrt.

Die uralte Botschaft aus dem Alten Testament zu Weihnachten heißt: es wird nicht dunkel bleiben über denen, die im finstern Land wohnen. Ja, wir sind Protestleute gegen das Dunkle, gegen das Leid, das einfach hingenommen wird.

Ich hatte diese Karte jetzt schon ein paar Tage bei mir liegen und immer, wenn ich sie ansah, dachte ich, der Wolf hat Maulsperre. Der hat sich den Kiefer verrenkt, der kann gar nicht zubeißen. Das geht bloß nicht von alleine, dazu brauchen wir diesen Gott, der sich seit der Geburt des Jesus von Nazareth mit denen, die Angst haben, solidarisiert hat.

Seit Bethlehem gibt es die Begründung, dass dieser Wolf nicht endgültig zubeißen darf. Weil Gott in tiefster Nacht erschienen, darf unsere Nacht nicht endlos sein.

Amen

Predigt über Maria von Magdala [12]

Jesus wanderte von Stadt zu Stadt und von Dorf zu Dorf und verkündete das Evangelium vom Reich Gottes. Die Zwölf begleiteten ihn, außerdem einige Frauen, die er von bösen Geistern und Krankheiten geheilt hatte: Maria, genannt Maria aus Magdala, aus der sieben Dämonen ausgefahren waren. (Lukas 8,1-2)

Wie war Maria von Magdala? Wer war sie wirklich? Sieben Dämonen seien aus ihr gefahren, wir würden heute sagen, sie war schizophren. Die Bezeichnung »von Dämonen besessen« war die Formulierung, wie man in neutestamentlicher Zeit die Verwirrung und den geistigen Kampf der Schizophrenen bezeichneten. Offensichtlich können wir mehrere Rollen gleichzeitig spielen; wir haben so viele Masken, dass wir nicht mehr wissen, wer wir eigentlich sind. Maria von Magdala kann von verschiedenen Dämonen besessen gewesen sein, die sie in verschiedene Richtungen rissen, bevor sie Jesus traf. Der Ausdruck: »Identitätskrise« ist schon Umgangssprache geworden. Gemeint sind damit die Zweifel, wer wir eigentlich sind, und die Kämpfe, die es kostet, sich selbst als eigenständige Persönlichkeit zu finden. Das Bewusstsein zu spalten, ist manchmal eine besondere Strategie der Psyche zum Überleben, zum Beispiel bei Traumatisierungen.
In der Seele muss etwas heilen, oft geschieht das dadurch, dass jemand sich selber versteht, also alle Impulse – alle „Dämonen" versteht, das geschieht manchmal durch die Hilfe eines anderen, der einen versteht. Nach ihrer Begegnung mit Jesus war sie offenbar keine gespaltene Persönlichkeit mehr.

Die Zwölf begleiteten ihn, außerdem einige Frauen, die er von bösen Geistern und Krankheiten geheilt hatte: Maria, genannt Maria aus Magdala, aus der sieben Dämonen ausgefahren waren.

[12] zur Wiedereinweihung der Maria-Magdalena-Kapelle in Luckau

Anstatt dass Maria weiterhin im Kampf mit sich selber lag, schloss sie sich dem Mann an, der im wahrsten Sinn des Wortes ihr Retter war und ihr Befreier aus geistiger Umnachtung.

Das ist die eine Information, die wir aus dem NT über Maria Magdalena bekommen. Die andere Tradition hat ihre Wurzel im Talmud, der erwähnt, dass Magdala, die Stadt, aus der Maria kam und die als Namen mit ihr verbunden ist, bekannt war für ihre Hurerei. Wenn Maria von Magdala in Verbindung gesehen wurde mit einer Stadt, die bekannt war für ihre Prostitution, liegt der Schluss nahe, dass auch sie eine Hure war.

Eine andere Quelle dafür, ist der Bericht über die Frau, die im Haus Simons Jesus die Füße salbt; sie steht direkt dort, wo dann im Lukas-Evangelium die Erwähnung Marias von Magdala anschließt (Lukas 7, 38-50): *und trat von hinten zu seinen Füßen, weinte und fing an, seine Füße mit Tränen zu benetzen und mit den Haaren ihres Hauptes zu trocknen, und küsste seine Füße und salbte sie mit Salböl. Als aber das der Pharisäer sah, der ihn eingeladen hatte, sprach er bei sich selbst und sagte: Wenn dieser ein Prophet wäre, so wüsste er, wer und was für eine Frau das ist, die ihn anrührt; denn sie ist eine Sünderin. Jesus antwortete und sprach zu ihm: Simon, ich habe dir etwas zu sagen. Er aber sprach: Meister, sag es! Ein Gläubiger hatte zwei Schuldner. Einer war fünfhundert Silbergroschen schuldig, der andere fünfzig. Da sie aber nicht bezahlen konnten, schenkte er's beiden. Wer von ihnen wird ihn am meisten lieben? Simon antwortete und sprach: Ich denke, der, dem er am meisten geschenkt hat. Er aber sprach zu ihm: Du hast recht geurteilt. Und er wandte sich zu der Frau und sprach zu Simon: Siehst du diese Frau? Ich bin in dein Haus gekommen; du hast mir kein Wasser für meine Füße gegeben; diese aber hat meine Füße mit Tränen benetzt und mit ihren Haaren getrocknet. Du hast mir keinen Kuss gegeben; diese aber hat, seit ich hereingekommen bin, nicht abgelassen, meine Füße zu küssen. Du hast mein Haupt nicht mit Öl gesalbt; sie aber hat meine Füße mit Salböl gesalbt. Deshalb sage ich dir: Ihre vielen Sünden sind vergeben, denn sie hat viel Liebe gezeigt; wem aber wenig vergeben wird, der liebt wenig. Und er sprach zu ihr: Dir sind deine Sünden vergeben. Da fingen die an, die mit zu Tisch saßen, und sprachen bei sich selbst: Wer ist dieser, der auch die Sünden vergibt? Er aber sprach zu der Frau: Dein Glaube hat dir geholfen; geh hin in Frieden!*

Hier ist die fragliche Frau als Sünderin bezeichnet, und die Reaktionen der Pharisäer lassen vermuten, dass sie eine Prostituierte war. Nachdem Lukas aber Maria von Magdala gleich danach zusammen mit den Jüngern nennt, hat man vermutet, Maria von Magdala sei diese Frau, die Jesus da so merkwürdig salbt. Wenn das stimmt, dass Maria wirklich eine Prostituierte war, dann muss man sich doch fragen, was bedeutet das, dass das im Evangelium steht?
Wir würden doch eine solche Frau verurteilen, Vorhaltungen machen, wenn wir überhaupt mit ihr reden würden. Wir würden sie beurteilen, nach dem was sie tut, oder getan hat, wir würden sie verurteilen. Wir würden sie festlegen, festnageln. Erst wenn du beweist, dass du ein anständiges Leben führen wirst, erst dann können wir miteinander reden. Wir würden übrigens auch nicht nach den Gründen fragen, warum sie Prostituierte geworden ist? Was hat sie an Missbrauch erlebt, an Erniedrigung, an Armut? Armut ist eine Form von Gewalt – damals und übrigens heute auch. Wie wird sie benutzt von Männern?

Wie verhält sich Jesus? Das erste scheint mir, dass Jesus keine Berührungsängste hat. Er hat keine Angst sich von so einer Frau salben zu lassen. Wie kommt das? Jesus hat einen anderen Blickwinkel. Er fragt nicht zurück. Was immer war, scheint ihn nicht zu interessieren. Er behandelt sie als Kind Gottes, als ein Mensch, eine Frau, die Gott geschaffen hat. Dieser Blick ist Befreiung. Vielleicht kennen Sie das auch, dass Sie einmal neu gesehen wurden, dass jemand sie nicht festgelegt hat und Sie plötzlich neue Möglichkeiten hatten.
Das hat offenbar diese Frau verändert. Sie konnte verwirklichen, was Jesus gesagt hat: „Geh hin und sündige nicht mehr!" So passiert Vergebung.
Offensichtlich ist diese Begegnung der Anfang einer intensiven Beziehung gewesen. Die Zwölf begleiteten ihn, außerdem einige Frauen, heißt es.

Die Evangelien von Matthäus, Markus und Johannes berichten über Maria von Magdala und andere Frauen, die am Kreuz Wache halten:
Es waren auch Frauen da, die von weitem zuschauten; unter ihnen waren Maria aus Magdala, Maria, die Mutter von Jakobus dem Kleinen und Josefs, sowie Salome; sie hatten ihn schon begleitet und bedient, als er in Galiläa war. Und noch viele andere waren dabei, die mit ihm nach Jerusalem hinaufgezogen waren. (Markus 15,40-41)
Außer im Johannes-Evangelium ist von den Männern, die Jesus gefolgt waren, keiner mehr genannt, dort nur der »Jünger, den er liebte«. Sie waren nach der Gefangennahme Jesu und nach der dreimaligen Verleugnung Jesu durch Petrus voller Angst geflohen. Aber die Frauen waren da. Sie setzten ihr Leben aufs Spiel, um bei dem sterbenden Jesus zu sein, sie waren da. Die ganze Macht des römischen Staates und der jüdischen Hierarchie stand hinter der Kreuzigung, und Maria von Magdala und die anderen Frauen hatten keine Macht, die Situation zu ändern. Sie gingen nicht weg, sondern hielten durch, bis zuletzt. Und so ist es nicht überraschend, dass Jesus nach seiner Auferstehung zuerst der Maria von Magdala und den Frauen erschien.

Am ersten Tag der Woche kam Maria von Magdala morgens, als es noch dunkel war, zum Grab und sah, dass der Stein vom Grab weggenommen war. Da lief sie schnell zu Simon Petrus und dem anderen Jünger, den Jesus liebte; sie sagte zu ihnen: »Man hat den Herrn aus dem Grab weggenommen und wir wissen nicht, wohin man ihn gelegt hat. . ."' Maria aber stand draußen vor dem Grab und weinte. Während sie weinte, beugte sie sich in die Grabkammer hinein. Da sah sie zwei Engel in weißen Gewändern; der eine saß dort, wo das Haupt, der andere dort, wo die Füße des Leichnams Jesu gelegen hatten. Die Engel sagten zu ihr: »Frau, warum weinst du?" Sie antwortete ihnen: »Man hat meinen Herrn weggenommen, und ich weiß nicht, wohin man ihn gelegt hat." Nach diesen Worten wandte sie sich um und sah Jesus dort stehen, aber sie wusste nicht, dass es Jesus war. Jesus sagte zu ihr: »Frau, warum weinst du? Wen suchst du?" Sie meinte, es sei der Gärtner, und sagte zu ihm: „Herr, wenn du ihn weggetragen hast, sag mir, wohin du ihn gelegt hast, damit ich ihn holen kann." Jesus sagte zu ihr: „Maria!" Da wandte sie sich um und sagte auf hebräisch zu ihm „Rabbuni!" (das heißt übersetzt „Meister"). Jesus sagte zu ihr: „Halte mich nicht fest; denn ich bin noch nicht zum Vater gegangen. Geh aber zu meinen Brüdern und sag ihnen: Ich gehe zu meinem Vater, zu meinem Gott und zu eurem Gott." Maria von Magdala ging hin und verkündete den Jüngern: „Ich habe den Herrn gesehen"; und sie berichtete, was er ihr gesagt hatte. (Johannes 20,1-2)

Maria von Magdala kommt früh, als es noch dunkel ist, zum Grab. Mit diesen knappen Worten war den Hörern sofort klar, dass es sich um ein gefährliches Unternehmen handelte. Kreuzigung war die Todesstrafe der Römer für politische Unruhestifter. Für Angehörige und Freunde hatte es gefährliche Konsequenzen. Maria von Magdala läuft zu Petrus und dem Lieblingsjünger. Dann kehrt sie zurück, sie sucht verzweifelt.

Zunächst wollte sie für ihren toten Herrn alles tun, was sie konnte, indem sie den Körper mit salbte und Gewürze brachte für ein würdiges Begräbnis. Ihre Vorsätze wurden durchbrochen, als sie feststellen musste, dass kein Leichnam im Grab war. Mit großer Hartnäckigkeit versuchte sie den Toten zu finden. und wurde statt dessen mit dem lebenden Herrn konfrontiert. So erkennen sich Liebende, wenn der Name genannt wird. Sie wollte bewahren, festhalten, im Wortsinn „konservieren"! Stattdessen erhält sie den Auftrag nach vorne: „Geh zu meinen Brüdern...!"

Was für eine Heilige haben wir uns da eingebrockt?

Eine psychisch Kranke, eine Prostituierte, eine Botschafterin des Evangeliums?

Was ist das Evangelium von Maria von Magdala für uns? Was will sie uns sagen als gute Botschaft? Ich will das mal von mir aus formulieren: ich höre daraus, dass ich auch meine Schwächen, meine Schattenseiten haben darf, dass ich nicht festgelegt bin, sondern dass ich mit meinen Fähigkeiten wahrgenommen, ernstgenommen werde. Das heißt gerade da, wo ich scheitere, da ist Gott mir nahe. Das passt gut zu Weihnachten, er kam im Stall zur Welt und das ging so weiter, er hat sich konsequent den Armen, den schwachen, den Kranken etc., zugewandt. Gott siedelt sich unten an. Amen

Predigt Joh. 20,11-18 [13]

Liebe Gemeinde. Ich möchte Ihnen erzählen, wie ich als Kind Ostern erlebt habe. Mit dem Posaunenchor trafen wir uns in der Mitte unseres hessischen Dorfes früh um 6 Uhr. Wir haben die fröhlichen Osterlieder geblasen. In meiner Erinnerung schien dabei immer die Sonne. Es war hell, es war frisch, es war fröhlich. Und wir gingen durch alle Straßen des Dorfes und an allen Kreuzungen machten wir halt und spielten Osterchoräle. Als ich dann wieder zuhause war, waren alle Geschwister und meine Eltern um den Frühstückstisch versammelt, anschließend gingen wir gemeinsam zum Gottesdienst und hinterher suchten wir Ostereier im Garten. Mir sind noch die Osterglocken und das zarte Grün des Gartens erinnerlich.
Vielleicht verbinden sich für Sie ähnliche Erinnerungen mit diesem Fest.

Zu dieser fröhlichen Stimmung scheinen so gar nicht die Ostergeschichten der Bibel zu passen. Sie erzählen von enttäuschten, hoffnungslos gewordenen Menschen. Das Grab Jesu ist der Platz, an den sie sich noch erinnern und wo sie wenigstens weinen können. Furcht und Zittern packt sie, als sie das Grab leer finden, so erzählt es Markus. Keiner von den Freunden Jesu hatte mit Ostern gerechnet. Keiner hat gesagt: Ach ja, wie schön, da haben wir ihn also wieder.

Ostern - der Tag enttäuschter, verängstigter, hoffnungsloser Menschen. Vielleicht ist das ja auch heute, hier in dieser Klinik, eher Ihre Stimmung, die Sie mir jetzt zuhören, dass Ihnen gar nicht zum Fröhlich Sein zumute ist. Dass Sie eher Zittern und Zagen in sich spüren.

Hören Sie Johannes, [14]

Maria aber stand weinend außen am Grab. Wie sie dahinweinte, bückte sie sich ins Grab hinein. Und sie schaut zwei Engel, in Weiß dasitzend - einen beim Kopf und

[13] Ostern in der Medizinischen Hochschule Hannover
[14] Johannes 20, 11-18 Übersetzung Friedolin Stier

einen zu Füßen, wo der Leib Jesu gelegen. Und die sagen zu ihr: Frau, was weinst du? Sagt sie zu ihnen: Meinen Herrn haben sie weggeholt, und ich weiß nicht, wo sie ihn hingelegt haben. Sie sprach das und wandte sich zurück - da schaut sie: Jesus steht da. Sie wusste es aber nicht, dass es Jesus war. Sagt Jesus zu ihr: Frau, was weinst du? Wen suchst du? Da sie wähnt, es sei der Gärtner, sagt sie zu ihm: Herr, wenn du ihn weggetragen hast, sprich zu mir, wo du ihn hingelegt hast, damit ich selber ihn weghole. Sagt Jesus zu ihr: Maria! Die wendet sich um und sagt hebräisch zu ihm: Rabbuni! Das heißt: Lehrer! Sagt Jesus zu ihr: Halt mich nicht fest! Denn noch bin ich nicht zum Vater aufgestiegen. Doch geh zu meinen Brüdern und sprich zu ihnen: Ich steige auf zu meinem Vater und eurem Vater, zu meinem Gott und eurem Gott. Maria aus Magdala geht und kündet den Jüngern an: Ich habe den Herrn gesehen! Und das habe er zu ihr gesprochen.

Eine Frau nimmt Abschied. Eine Geschichte ist zu Ende gegangen. Die Geschichte mit Jesus. Wir erfahren über diese Beziehung nicht viel. - Wir sind Fremde, Außenstehende. Das ist ja für uns auch sonst schwer, wenn der Tod in ein Leben eingebrochen ist, wenn eine Beziehung abgebrochen ist, dann weiß, was das bedeutet, nur der Betroffene selbst.
Und was für ein Ende war das - schmachvoll am Kreuz. Ob sie schon bei aller Trauer und dem Schmerz daran denkt, wie es weitergehen soll ohne ihn? Die Wunde ist ganz frisch, da denkt man noch nicht soweit, da fühlt man nur den Schmerz.

Mir fällt auf, zweimal in dieser Geschichte wird sie gefragt: Warum weinst du? Üblicherweise fragen wir nicht so, sondern antworten mit Sätzen, die man so parat hat, wenn jemand weint: Wein doch nicht! Hör doch auf! Du machst alles nur noch schlimmer! Das ändert doch nichts! Das ist eben Gottes Wille! Andere haben das auch geschafft! Da musst du durch! -

Warum weinst du? Tränen drücken was aus, oft Unsagbares. Die kommen ja einfach, wir merken das, wenn wir sie nicht zurückhalten können, die kommen unwillkürlich.

Wie gut, wenn die nicht verboten werden, wenn ich sie kullern lassen kann. Wenn der Körper »drückt« und wir keinen anderen »Ausdruck« finden, dann drücken die Tränen das aus, was in uns ist. Warum weinst du? Das ist Raum-geben und Worte-finden für das, was in uns ist. Was noch nicht „gefasst" ist in Worte.

Zu dem Abschiedsschmerz kommt nun unerwartet die Suche nach dem Toten. „Gärtner, wo hast du ihn hingelegt?" Ein merkwürdiger Zug in fast allen Ostergeschichten. Als Gärtner, als schriftkundiger Wanderer, als Fremder bei den Fischern - so taucht der Auferstandene auf. Offenbar erscheint er nicht mit Lichtkranz oder Heiligenschein, sondern verborgen. „Geheimnis des Glaubens", so nennt es die Liturgie. Erst als er sie bei ihrem Namen nennt „Maria", erkennt sie ihn. Damit hat sie nicht gerechnet - der, den sie bei den Toten gesucht hat, der spricht sie an, der ruft sie mit ihrem Namen: Maria.

Ist nun alles rückgängig gemacht? Alles wieder wie vorher? Das wünschen wir uns manchmal, wenn wir Leid erfahren oder wenn der Tod einbricht. Mir scheint, die Maria will, dass einfach alles so wird wie früher. „Rabbuni" - das ist die alte vertraute zärtliche Anrede. Rückkehr in die heile Vergangenheit. Zweimal heißt es: Maria wandte sich zurück, sie wandte sich um. Sie will ihn festhalten. „Halte mich nicht fest." In dieser Häufung verstehe ich diese Sätze so: sie drücken aus, wie sehr Maria an dem hängt, was hinter ihr liegt. Der Mensch im Bannkreis des Todes ist so von der Erinnerung an das Gewesene gefangen, dass er nicht offen ist für das, was auf ihn zukommt.

Ob diese Geschichte vielleicht nicht nur erzählt wurde, um die Auferstehung Jesu zu bezeugen, sondern auch um »Auferstehung« an Maria zu buchstabieren, also wie eine Trauernde zum Leben kommt? Befreit zum Leben ist Maria, als sie sich zu neuen Aufgaben senden lässt: Geh zu meinen Brüdern! Erst wenn die Erinnerung sie nicht länger auf Vergangenes fixiert, sondern sie öffnet für das, was auf sie zukommt, ist der Bannkreis des Todes gebrochen.

In unserer Geschichte geht diese Umkehr - sich lösen von dem Vergangenen und sich dem Neuen öffnen - sehr schnell, in dieser Geschichte ist alles „verdichtet". In Wirklichkeit braucht das viel Zeit. Aber es scheint durch diese Geschichte etwas hindurch, was unsere Situation beleuchtet. Ostern ist etwas angefangen, das in uns Christen hinfort nicht totzukriegen ist. Der Zweifel an der Hoffnungslosigkeit. Der Keim der Hoffnung. Der Anfang von Veränderung. Das ist eine Bewegung, die ich auch sonst in der Bibel wieder finde: „es soll nicht dunkel bleiben..", „die Lahmen werden gehen..", „wenn der Herr die Gefangenen Zions erlösen wird, dann werden wir sein wie die Träumenden..", „er wird abwischen alle Tränen von ihren Augen, und der Tod wird nicht mehr sein...".
Sich nicht resigniert abfinden mit dem gegenwärtigen Zustand, sondern dagegen anbeten, anhoffen. Für mich ist Ostern etwas anderes, als nur in soundso viel Sprachen auf dem Petersplatz in Rom den Satz zu wiederholen: Christus ist auferstanden. Dieser Satz tritt dann für mich formal sogleich in die Konkurrenz zum Gegensatz: Er ist nicht auferstanden. Und um Rechthaben von Sätzen geht es allemal nicht. Christus ist auferstanden, das ist ein Glaubenssatz und damit meine ich, es ist eine Erfahrung, die sich darin symbolisch ausspricht. Dass Gott sich mit dem Leben verbunden hat und zu dem Weg Jesu bis ans Kreuz „ja" gesagt hat, das gilt nur als Erfahrung, die noch nicht ganz eingelöst ist: „er wird abwischen alle Tränen und der Tod wird nicht mehr sein", das ist Zukunft - und gleichzeitig machen auch wir die Erfahrung, dass unsere Tränen abgewischt werden, das wir getröstet werden.
Amen

Predigt Johannes 5, 1-15

Danach war ein Fest der Juden, und Jesus zog hinauf nach Jerusalem. Es ist aber in Jerusalem beim Schaftor ein Teich, der heißt auf hebräisch Bethesda. Dort sind fünf Hallen; in denen lagen viele Kranke, Blinde, Lahme, Ausgezehrte. Es war aber dort ein Mensch, der lag achtunddreißig Jahre krank. Als Jesus den liegen sah und vernahm, dass er schon so lange gelegen hatte, spricht er zu ihm: Willst du gesund werden? Der Kranke antwortete ihm: Herr, ich habe keinen Menschen, der mich in den Teich bringt, wenn das Wasser sich bewegt; wenn ich aber hinkomme, so steigt ein anderer vor mir hinein. Jesus spricht zu ihm: Steh auf, nimm dein Bett und geh hin! Und sogleich wurde der Mensch gesund und nahm sein Bett und ging hin. Es war aber an dem Tag Sabbat. Da sprachen die Juden zu dem, der gesund geworden war: Es ist heute Sabbat; du darfst dein Bett nicht tragen. Er antwortete ihnen: Der mich gesund gemacht hat, sprach zu mir: Nimm dein Bett und geh hin! Da fragten sie ihn: Wer ist der Mensch, der zu dir gesagt hat: Nimm dein Bett und geh hin? Der aber gesund geworden war, wusste nicht, wer es war; denn Jesus war entwichen, da so viel Volk an dem Ort war. Danach fand ihn Jesus im Tempel und sprach zu ihm: Siehe, du bist gesund geworden; sündige hinfort nicht mehr, dass dir nicht etwas Schlimmeres widerfahre. Der Mensch ging hin und berichtete den Juden, es sei Jesus, der ihn gesund gemacht habe.

Liebe Gemeinde, ich möchte Ihnen erzählen, wie mich diese Geschichte von dem Gelähmten am Teich Bethesda in meinem Leben begleitet hat und wie sie sich dabei auch verändert hat.

Ich erinnere mich gut. Als Kind staunte ich einfach über diesen Jesus, der durch Palästina streifte und, wo er Kranke fand, machte er sie gesund. Er kam, sah und siegte.

Am Ende meiner Schulzeit, als ich Abitur machte, bin ich in Jerusalem gewesen und habe an den Ausgrabungen von Bethesda gestanden. Unterhalb der Straße, die zum Schaftor ansteigt, außerhalb der alten Stadtmauer sind die Reste der 5 Hallen ausgegraben worden. Der Teich ist schon lange ausgetrocknet und so spiegeln sich im Wasser auch keine Kranken mehr, die auf Heilung warten. Hier war es also. Wie gut, dachte ich, dass für den, der 38 Jahre lang wartete, endlich Jesus kam und ihn gesund machte.

Als ich mich im Studium dann intensiver mit den Texten des Neuen Testaments beschäftigen musste, bekam diese Geschichte eine ganz andere Farbe für mich. Ich wurde ärgerlich auf diesen Jesus. Da liegt einer 38 Jahre gelähmt, und - so erzählt Johannes: „als Jesus vernahm, dass er schon so lange gelegen hatte, spricht er zu ihm: willst du gesund werden?" Ist das nicht eine Frechheit, jemanden so zu fragen. Was ist denn für einen Menschen, der 38 Jahre lang krank ist, wichtiger als gesund zu werden. Ist das nicht eine Beleidigung, ihn dann noch zu fragen, ob er gesund werden will?

Dann wurde ich Gemeindepfarrer. Ich machte Besuche in Familien, wo ein Kind geboren war, oder wo jemand gestorben war und ich besuchte Gemeindeglieder im Krankenhaus. Ich dachte, natürlich weiß ich, wie es Familien geht, die ein Kind bekommen, oder wenn jemand stirbt oder wenn jemand im Krankenhaus liegt. Damit habe ich aber meine Überraschungen erlebt. Ich merkte ganz schnell, das wird ja ganz unterschiedlich erlebt, wenn in einer Familie ein Kind geboren wird. Und als wir dann selber unsere Kinder bekamen und die dann nachts schrien und ich am Tage ganz genervt war und die Windeln... Natürlich ist das auch unbeschreiblich schön, wenn die einen anlachen. Und jeder erlebt etwas anderes. Meine Frau anders als ich. Und die Nachbarin hat geweint, als sie das achte Mal schwanger wurde. - Und wenn jemand stirbt, der eine ist fassungslos und vom Schmerz zerrissen, und der andere sagt: guter Gott, danke, dass dieses Leben nun aufgehoben ist bei dir. Wie ist das für dich, was erlebst du, was willst du, das wurden ganz wichtige Fragen für mich in der Begegnung mit Menschen in der Seelsorge. Ich musste lernen, dass ich nicht weiß, wie es einem anderen geht und was er will, es sei denn, ich frage ihn.

Willst du gesund werden? jetzt klingt diese Frage ganz anders für mich. Ja, was heißt es eigentlich, 38 Jahre lang krank zu sein. Da ist die eine Seite, die mich sofort berührt: dieses Elend, ich kann mir das gar nicht richtig vorstellen, 38 Jahre lang krank. Aber da ist auch eine andere Seite: Der weiß, wo sein Bett steht. Der ist sozusagen Experte für den Alltag am Teich Bethesda. Der kennt sich da aus. Und der wird versorgt. 38 Jahre lang kann man nicht einfach nur fasten. Da gibt es Menschen, die so einen Menschen versorgt haben. Ja, sicher kann ich mir auch was Besseres vorstellen, als 38 Jahre lang abhängig zu sein. Aber 38 Jahre lang versorgt zu werden, das gibt auch Sicherheit, da weiß man, wie's läuft.

Willst du gesund werden? Jetzt kann ich die Frage gut verstehen. Und ich höre die Antwort: „Ich habe keinen Menschen". Das erschüttert mich erst mal. Keinen Menschen haben und krank sein, das muss schlimm sein. Das höre ich auch als Vorwurf. Mir begegnet der manchmal so: „Ich bin ein Vierteljahr im Krankenhaus gewesen und Sie, Herr Pfarrer, haben mich nicht besucht." Ich merke, wie sehr mich dieser Mensch beeindruckt, bedrückt, ich fühle mich fast ein bisschen schuldig.

Und ich lese noch einmal die Frage Jesu: „Willst du gesund werden?" und merke, Jesus bekommt keine Antwort auf seine Frage. Dieser Mann kann nicht sagen: Ja, ich will gesund werden. Er antwortet so, als hätte er die Frage nicht verstanden. Er kann nur jammern und anklagen: die andern sind schuld.

Jetzt höre ich Jesu Worte „steh auf, nimm dein Bett und geh!" mit einem scharfen Akzent. So etwa: schieb nicht alles auf andere, steh endlich zu dir, du bist zuallererst für dich selbst verantwortlich. Du selbst musst etwas wollen. Du musst was tun: aufstehen und dein Bett tragen. Dein Bett, deine Geschichte, die kannst du nicht einfach zurücklassen, die muss mit, das gehört zu dir, das musst du tragen. Aber: steh endlich auf!

Johannes erzählt weiter: „*Da sprachen die Juden zu dem, der gesund geworden war: Es ist heute Sabbat, du darfst dein Bett nicht tragen*!" Darauf sagt der Mann nicht: Wisst ihr überhaupt, wie das ist, wenn man so lange gelähmt war und dann auf einmal wieder laufen kann. Heute ist für mich ein neuer Tag, wie ein Geburtstag. Und da trage ich natürlich auch mein Bett mit mir herum. Seht so stark bin ich. Ich kann sogar mein Bett mit mir herumtragen. Nein, das sagt er alles nicht. Er sagt: Ich trage mein Bett, weil da jemand zu mir gesagt hat, ich soll das machen. Warum, weiß ich nicht. Mich könnt ihr dafür nicht zur Rechenschaft ziehen und verantwortlich machen. Ich tue nur meine Pflicht. - Und er weiß nicht einmal seinen Namen, er kennt ihn nicht. Er ist ohne Beziehung geblieben.

Und nun - im Gewühle des Tempels begegnet ihm Jesus. Nicht er macht sich auf den Weg und sagt sich: Vor lauter Freude habe ich den ganz vergessen, der mich gesund gemacht hat. Nun muss ich ihn finden, ihm danken, mein Glück mit ihm teilen, ihn kennenlernen, ihm nachfolgen usw. Nein, nichts von alledem. Jesus begegnet ihm.

Und sagt zu ihm: *„Siehe - pass gut auf - hab acht - du bist gesund geworden, sündige hinfort nicht mehr, dass dir nicht etwas Schlimmeres widerfahre!"* Das klingt wie eine Warnung: Du kannst dein Leben vertun. Wenn du immer die Verantwortung wegschiebst. Ohne Beziehung zu dir selber leben und ohne wirkliche Beziehung zu anderen und zu Gott - das heißt in der Sprache dieser Geschichte „hinfort sündigen", und das wäre schlimmer. Vorher bist du versorgt worden von anderen, auch wenn du das selber nicht mal wahrgenommen hast, weil du sagst, du hast keinen Menschen. Jetzt aber hast du die Möglichkeit für dich Verantwortung wahrzunehmen, wirklich Mensch zu sein. Und diese Chance kannst du auch vertun.

Am Ende bleibt diese Geschichte offen. Ich wüsste gerne, wie es mit diesem Menschen weitergegangen ist. Ist ihm Schlimmeres widerfahren? Oder hat er die Chance genutzt, sein Leben zu verantworten? Vielleicht erfahren wir deswegen nichts mehr über diesen Menschen, weil diese Geschichte uns meint. Merkwürdigerweise sagt Johannes nicht, ob es eine Frau war oder ein Mann, es heißt immer nur: ein Mensch. Noch eine Einladung, dass wir uns in diese Geschichte hineinlesen. Wie gelähmt bin ich? Unser Leben geht weiter und das Spannende ist, wie diese Geschichte uns anstößt und einlädt zu uns selbst zu stehen und unseren Weg mit Gott zu gehen.

Amen

Predigt Markus 2, 1-12 [15]

Und ich erzähle. Viele Tage waren vergangen, ehe er, aus seiner Einsamkeit, wieder nach Kapernaum ging, und als die Menschen das hörten „er ist in der Stadt, wir kennen das Haus“ da strömten alle herbei, immer mehr, standen drinnen nah beieinander, warteten draußen im Freien, kamen vergebens: denn zu viele wollten zu ihm. Er aber sagte allen das Wort, die große Botschaft, die ihm aufgetragen war.
Und ich erzähle. Leute waren unterwegs, an diesem Tag, von denen vier einen Menschen trugen, der sich nicht rühren konnte: Er war gelähmt. Da niemand zu ihm vordringen konnte, das Volk versperrte den Weg, deckten die vier das Dach des Hauses auf, und seilten die gelähmte Person mitsamt der Schlafmatte hinab. Als Jesus sah, wie groß ihr Glaube war, sagte er zu der gelähmten Person: „Deine Sünden, mein Kind, sind dir vergeben.“ Das hörten die toragelehrten Frauen und Männer, die saßen, unter der Menge wartend, auch im Haus und dachten bei sich: Was redet er da, dieser Mensch? Er lästert Gott: Denn Er allein und kein Mensch kann Sünden vergeben. Jesus aber, erleuchtet vom Geist, erriet ihre Gedanken: „Was denkt ihr da in eurem Herzen? Ich frage euch: Ist es leichter, zu einer gelähmten Person zu sagen: „Deine Sünden sind dir vergeben” oder ihr zu helfen: „Steh auf, nimm deine Schlafmatte und geh”? Damit ihr erfahrt, dass Menschen die Vollmacht haben, auf der Erde unrechtes Tun zu vergeben, sprach Jesus zu der gelähmten Person: „Steh auf, nimm deine Schlafmatte und geh heim.“ Und sie stand auf, nahm die Schlafmatte, trug sie, mitten unter den Menschen und machte sich auf den Weg nach Haus. Welch ein Erstaunen! Welche Bestürzung: „Dies haben wir noch niemals gesehen. Das hat Gott getan.“

Liebe Gemeinde, es gibt so vieles im Leben, das uns lähmen kann. Ich meine nicht nur Krankheiten, die unseren Körper treffen können wie ein Schlag aus heiterem

[15] Übersetzung nach Walter Jens, Die vier Evangelien und Bibel in gerechter Sprache

Himmel. Es gibt auch Nachrichten, Ängste, Vorwürfe, Versagen: All dies kann uns lähmen, stumm, krank machen. Solche Lähmungen, die Seele, Geist, Gedanken, Gefühle und Körper befallen können, kennen wir alle. Dann ist es Winter in uns, selbst wenn draußen noch wie heute ein freundlicher Frühherbst sein Licht und seine Farben malen lässt. Es wird dann auch im Sommer alles dürr in uns, grau und leblos, die Freude, die Leichtigkeit des Seins, alles verblasst, und selbst Musik kann man dann nicht mehr hören wollen.

Lähmzeiten - da ist alles verschlossen in uns und um uns her. Da sind wir allein mit uns selbst. Da sind wir nicht nur von allen guten Geistern, sondern oft auch noch von allen guten Freunden verlassen. Krank an Leib und Seele oder an beidem sitzen wir da - und es geschieht nichts.

In dem Text aus der Bibel, den wir hörten, ist auch einer gelähmt. Doch es geschieht etwas! Manche sagen, es sei ein Wunder, obwohl dieses Wort in dem Text gar nicht vorkommt. Doch es ist Bewegung im Spiel. Menschen haben sich auf den Weg gemacht, aus sehr verschiedenen Richtungen. Man hat in Kapernaum gehört: Jesus ist wieder da! Den kennt man schon. - Und da kommen sie schon in hellen Scharen, erwartungsvoll die einen, auf Sensationen aus die anderen. Wie Menschen eben sind. Im Nu ist das Haus proppenvoll. Keiner kann mehr rein, keiner kann mehr raus. Und Jesus predigt. - Worüber wohl? Markus sagt darüber nichts. Er sagt nur: Er verkündigte ihnen das Wort. Das Wort der Befreiung. Das Wort Gottes aus den Heiligen Schriften, aus der Thora, vielleicht auch aus den Psalmen. Ich phantasiere: Jesus legt gerade den Leuten den Psalm 103 aus: Lobe den Herrn, meine Seele, und was in mir ist, seinen heiligen Namen. Der dir alle deine Sünde vergibt und heilt alle deine Gebrechen. Der dein Leben vom Verderben erlöst und dich krönt mit Gnade und Barmherzigkeit. Der deinen Mund fröhlich macht und du wieder jung wirst wie ein Adler.

Da kommen vier und stören. Mitten hinein in eine Predigt Jesu stürmen sie. Die wissen, was sie wollen und scheuen keine Mühe. So gewaltig, wie diese Szene auf uns wirkt, ist es wahrscheinlich nicht gewesen. Und in dieser Aktion des

Dachaufdeckens liegt für mich nicht der springende Punkt der Geschichte. Trotzdem soviel zur Erklärung: Die Häuser damals, das war ein Raum. Innen ein Gewölbe, oben in der Mitte eine Öffnung, damit der Rauch abziehen konnte, außen eine Treppe, um auf das flache Dach zu kommen, was oft als Schlaflager diente. Und damit keiner durch die Öffnung fällt, war sie mit Reisig abgedeckt. So stelle ich mir vor – sind die Freunde mit der gelähmten Person die Treppe hoch, haben das Reisig beiseite geschafft, und dann wird eine Matte durch die Öffnung gezwängt, Seile laufen unter ihr durch. Langsam schwebt sie an diesen Seilen herunter. Die Leute unten, ob sie wollen oder nicht, sie müssen Platz machen, auch Jesus.
Toll, liebe Gemeinde, wenn jeder von uns vier solche Lastenträger-Menschen hätte, die ihn an die richtige Adresse bringen, wenn wir hilflos am Boden liegen. Das ist Fürbitte!

Und Jesus sieht. „Und als nun Jesus ihren Glauben sah", heißt es. Das also ist in seinen Augen Glauben: die Abgesonderten, die unter aller möglicher Lähmung Leidenden, wahrnehmen, sich zu ihnen auf den Weg machen und sie dann selbst auf einen Weg bringen, Lebensschicksale mittragen, dieses provozierende Aufs-Dach-Steigen, die Versammlung stören und auch auf Kosten von Sachbeschädigung, ihrem Gelähmten zum Durchbruch zu verschaffen – dieses zielstrebige Eintreten für einen Menschen, der sich selbst nicht helfen kann, nennt Jesus »Glauben«.

Dann schaut er den Gelähmten an. Und wie er ihn angeschaut haben mag. Da liegt der Gelähmte auf der Trage, ein erwachsener Mensch mit den Augen eines ängstlichen Kindes. Jesus sieht dies und sagt als erstes zu ihm: „Mein Sohn ..." Das erste Wort in dieser Geschichte! Ein zärtliches, liebevolles Wort. Und ich denke mir: Jesus sagt das so zu ihm, wie er das noch nie gehört hat, nämlich so, dass es ihm durch alle Glieder, durch alle Nerven, alle Körperzellen geht, so dass er's bis in seine gelähmten Glieder hinein merkt: Hier spricht mich einer so an, dass ich angenommen bin. „Mein Sohn", sagt Jesus zu dem Gelähmten. Und dann kommt das Wort, mit dem keiner gerechnet hat: „Dir sind deine Sünden vergeben."

Deutlich wird, wie Jesus die Lähmung dieses Mannes einschätzt. Er nennt jetzt das beim Namen, was diesen Menschen all die Jahre gelähmt hat: seine Angst schuldig zu sein, an seinen Eltern vielleicht, an seiner Familie, an sich selbst oder Gott. Diese Angst vor dem Schuldigwerden hat er schließlich nur noch in Lähmung ausdrücken können. Nun spricht Jesus ihn frei: Zwischen dir und mir, zwischen dir und Gott steht nichts.

Von Fulbert Steffensky habe ich gelernt: Wir müssen die Krankheit lesen, sie hat eine Botschaft und braucht eine Deutung. Noch zu Beginn 19. Jahrhunderts war Krankheit selbstverständlich Vorbotin des Todes. So heißt es in der Wegleitung für Patienten des Londoner Guys Hospital von 1815: „Da die Krankheit üblicherweise dem Tod vorangeht, sollte sie ernstlicher Anlass sein, über das Leben nachzudenken und sorgfältig zu prüfen, ob man auf den großen Wechsel vorbereitet ist."
Ich glaube, es ist ein wirklicher Fortschritt, dass bei uns viele Krankheiten geheilt werden können und nicht, wie noch vor 200 Jahren, eine sichere Vorbotin des Todes sind. Aber: Durch die zahlreichen Therapieoptionen wird für den Schwerkranken ein Weg vorgegeben, der es notwendig macht, sich immer auf den nächsten Therapie-Schritt zu konzentrieren. Dabei gerät die Perspektive des Lesens der Krankheit, die Aufgabe, die Krankheit zu deuten oft aus dem Blickpunkt.

Jesus sagt dem Menschen die Vergebung von Schuld zu. Nicht wie ein Richter, sondern eher wie ein Freund, aus dem Autorität und Zuneigung spricht. „Mein Kind" das ist die Anrede, die den Kranken dazu einlädt, sich in diesem Augenblick ohne Vorbehalt auf Jesus zu verlassen und einzulassen. Du bist frei, nicht mehr gebunden an deine Schuld, pack deine Matte unter den Arm, sei wieder bei dir selbst zu Hause!
Schuld ist Lähmung der Seele. Schuldig sein heißt: nicht mehr freikommen, an einer Stelle seines Lebens festgenagelt sein. Ein solcher Mensch lebt wie ein Gelähmter.
Mir ist aufgefallen, dass viele Heilungsgeschichten im Neuen Testament etwas mit Lähmung zu tun haben. Und in der Begegnung mit Jesus passiert etwas, was diese

Lähmung beendet. Da wird nicht angerechnet, aufgerechnet, sondern – mir scheint, da wird etwas verstanden.
Wer sich verstanden fühlt, kann gehen!

Übrigens: Nicht nur die Schuld, die einer begangen hat, lähmt. Auch die Schuld, die ich nicht vergeben kann oder will: Auch sie lähmt mich. Nicht vergeben zu können, das bedeutet genau so fixiert zu sein, wie es der andere ist. Wer nicht verzeihen kann, der ist übel dran mit sich selbst.
Unsere Gesellschaft geht mit Schuld übrigens ganz anders um. Ich beobachte im Fernsehen immer wieder in den Nachrichten die Aussagen von Schuldigen nach einem Prozess. Es geht fast immer um das Herausreden, fast nie um Übernahme der Schuld. Ich erlebe ganz selten, dass sich ein Täter zu der Tat bekennt. Solange andere für die Schuld verantwortlich gemacht werden, kann sie nicht vergeben werden. Wir haben keine Kultur der Schuldübernahme und deswegen auch keine Kultur der Vergebung. [16]
Die Öffentlichkeit um das Geschehen herum ist empört über das Wort Jesu. Statt sich mitzufreuen, sind die Leute empört. Offenbar hat Jesus mit diesem Wort genau ihren empfindlichsten Punkt getroffen. Er hat die krankmachenden Regeln der Gesellschaft angetastet. Er widerspricht allen Schuldzuweisungen: Du bist nicht schuld an deiner Krankheit. Jesus nimmt den Kranken gegen alle Versuche von außen, ihn durch Schuldzuweisungen erneut zu lähmen, in Schutz. Er sagt das letzte heilende Wort: Steh auf, stell dich auf deine Beine. Du kannst gehen. Ich nehme dich in Schutz gegen alle, die dich wieder lähmen wollen.
Heilung scheint sich hier in wenigen Augenblicken zu vollziehen. Das scheint nur so. Es war der Endpunkt eines Heilungsprozesses. Die vier Freunde zum Beispiel, die ihn tragen, haben längst schon heilende Wirkung.
Amen

[16] Es gibt wenige Ausnahmen: Willy Brandt, Margot Käßmann

Predigt Markus 4, 35-41

Liebe Gemeinde. In einer alten Geschichte haben Menschen ihre Erfahrungen aufgeschrieben, die sie in einer sehr bedrohlichen Situation gemacht haben. Vielleicht können auch uns heute diese Erfahrungen helfen, unsere eigenen Einstellungen zu überprüfen, vielleicht sogar uns Mut geben, auch neue Erfahrungen zu wagen. Die Geschichte ist im Markus-Evangelium, im 4. Kapitel, aufgeschrieben. Ich lese sie in einer freien Nacherzählung:

Abend wird es, und Jesus will mit seinen Freunden ans andere Ufer des Sees Genezareth fahren. Sie steigen ins Boot und fahren los. Dunkel ist es. Und mitten auf dem Wasser, da geschieht es: ein Sturm bricht los, die Wellen türmen sich auf und schwappen ins Boot. Die Männer rudern, so stark sie können, dagegen an. Sie wissen, dass sie Kraft haben. Schließlich fahren sie öfter zum Fischen hinaus. Aber diesmal kommen sie nicht dagegen an, so sehr sie sich auch dagegen stemmen und dagegen ankämpfen. Es wird immer schlimmer. Immer höher türmen sich die Wellen und spülen ins Boot. Da kommt die Angst. Die Männer fürchten sich, dunkel ist es, keiner sieht den anderen, jeder ist allein mit seiner Angst. Und hinten im Boot liegt Jesus und schläft. Mitten in der Gefahr, in der Nacht und dem Sturm schläft er, während seine Freunde gegen die tödliche Gefahr ankämpfen. Er ist bei ihnen, aber er hilft ihnen nicht. Er schläft. Da wecken sie ihn auf und schreien: Sag mal, fragst du nicht danach, dass wir hier untergehen?! Ist es dir gleichgültig, was aus uns wird? Und Jesus steht auf, bedroht den Sturm und spricht: Still! Da wird es ganz ruhig, und in die Stille hinein fragt er: Warum fürchtet ihr euch? Gott ist doch hier, mitten in der tödlichen Gefahr, warum vergesst ihr das immer? Gott ist bei den Menschen. Und da könnt ihr ihm noch nicht trauen? Und die, die bei ihm sind, erschrecken über diesen Mann. Wer ist der, der mitten in der tödlichen Gefahr so redet?

Hier endet die Geschichte. Und ich denke, wir alle miteinander schreiben sie weiter. Denn auch wir erleben uns häufig als Bedrohte, manchmal sogar tödlich Bedrohte.

Und wir erleben, wie wir unsicher und hilflos darin sind, voller Angst, ob wir da wohl wieder rauskommen. Manchmal erleben wir uns auch als sehr stark, sind uns unserer Kräfte bewusst, und manchmal versuchen wir einfach zu fliehen, möchten am liebsten die Augen zumachen und nichts sehen. Was Wellen und Sturm sind, das wissen wir alle, und sicher fällt es niemandem schwer, dieses Bild mit der Gefahr zu füllen, von der er sich gerade bedroht fühlt, in der er zu versinken droht. Und wir alle kennen dann von uns selbst oder von anderen den verzweifelten Schrei aus der Geschichte: Fragt denn niemand nach uns? Ist es dir gleichgültig, Gott, wenn wir verderben. Ist da denn niemand, der mich mit meiner Angst zur Kenntnis nimmt? Und wir sehen uns um nach einem, der uns zur Kenntnis nimmt, wir suchen nach Halt, wenn die eigenen Sicherungen und Beschwichtigungen wegschwimmen. Ich weiß noch nicht, wie ich dann Halt finde, wer mich dann trägt. Und deswegen möchte ich noch in der Geschichte bleiben, bei den Erfahrungen, die andere gemacht haben. Wie kommt es, dass Jesus mitten in der lebensbedrohenden Gefahr so ruhig ist, sich so geborgen weiß, dass er schlafen kann? Er ist doch nicht weniger bedroht als die anderen. Ich denke, Jesus erlebt hier in der Geschichte Gott anders, als wir ihn uns gewöhnlich vorstellen, und auch seine Freunde ihn wohl erlebten. Und er teilt seine Erfahrung mit ihnen und zeigt einen Gott, der nicht nur für die hellen Tagzeiten zuständig ist, sondern er beansprucht Gott und greift nach ihm - ganz selbstverständlich mitten in der Finsternis, im Sturm, in der lebensbedrohenden Gefahr. Er lässt Gott nicht in irgendwelchen lichten Höhen - oder, um in einem Bild der Geschichte zu bleiben: er erlebt Gott nicht als am Ufer zurückgeblieben, da wo es noch hell war, sondern mit im Boot sitzend. Und deswegen kann er verwundert fragen, warum vergesst ihr das immer und fürchtet euch. Gott ist bei den Menschen. Und dann eben auch mitten im Dunkel, wo wir den Ausweg nicht sehen, wo die Angst sich ausbreitet und uns lähmt, wo wir verzweifeln und wieder hoffen und manchmal auch ganz leer sind. So mittendrin in unserem Leiden ist Gott, dass Jesus sich getragen weiß, so sehr, dass er Raum zum Atmen und Schlafen hat. Er verkündet hier einen Gott, der auch für die bedrohten Augenblicke oder Zeitabschnitte unseres Lebens zuständig ist, der mit uns mit leidet, mit bedroht ist, zweifelt, hofft, gequält ist.

Und doch nicht machtlos ausgeliefert, sondern die Bedrohung beherrscht er. Zum Zeichen dafür - so heißt es im Bild der alten Geschichte - bedroht Jesus den Sturm und die Wellen. Diese Erfahrung, die Jesus hier seinen Mitmenschen mitteilt, gibt ihnen den Weg frei zur Weiterfahrt, zum Weiterleben - auf dem gleichen Wasser, das eben noch als tödliche Bedrohung erlebt wurde. Und gegen diese Erfahrung, dass Gott uns nicht alleine in die Bedrohung schickt und zusieht, wie wir darin versinken, sondern mitgeht und so mitträgt, dagegen weiß ich nichts zu setzen. Und deswegen möchte ich mich in diese Erfahrung, die ein Mensch hier lebt, stellen und ausprobieren, ob auch ich damit neuen Raum bekomme, auch dann, wenn mir alle Auswege versperrt zu sein scheinen.

Herr, wir sind unsicher und verwirrt: wir schreien zu dir, wir klagen dich an, weil du so weit weg zu sein scheinst und wenn wir dich neben uns erfahren oder ein anderer Mensch neben uns dich vertritt, dann erschrecken wir auch. Wir möchten so gerne glauben, hilf, dass wir uns trauen. Amen

Predigt Matthäus 6, 12 [17]

Liebe Gemeinde, *„vergib uns unsre Schuld, wie auch wir vergeben unsern Schuldigern!"*

Wie vergeben wir unsern Schuldigern?

In dieser Woche musste ich nicht lange nach einem Beispiel suchen: Christian Klar, der RAF-Terrorist, seit mehr als 24 Jahren im Gefängnis, soll keine Hafterleichterung und keine vorzeitige Begnadigung bekommen, weil er sich kritisch zum Kapitalismus geäußert hat. Nicht nur liberale Politiker, sondern viele Menschen wollen ihm nicht vergeben.

Wie vergeben wir unsern Schuldigern?

Ein junger Mann war bei mir, er hatte in einem anderen Land gearbeitet, Geld verdient und Schulden gemacht. Er hätte dieses Land nicht verlassen können, wenn ihm nicht ein guter Freund die Schulden vorgestreckt hätte. Als er in Deutschland war, hat er sich einen Kredit besorgt. Und als das Geld in seinen Händen war, hat es ihn so gejuckt, dass er es innerhalb kürzester Zeit auf den Kopf gehauen hat. Nun hat er doppelt soviel Schulden wie vorher und bezahlt sich dumm und dämlich, fast alles geht auf Zins uns Zinseszins drauf. Nicht nur ihm geht es so, sondern wahrscheinlich mehr als 10 Millionen Menschen sind überschuldet, d.h. die finanziellen Verpflichtungen sind größer als die regelmäßigen Einnahmen.

Wie vergeben wir unsern Schuldigern?

Ich denke an die „Schuldenlast" der sog. „Entwicklungsländer". In den 70er Jahren vergaben westliche Banken billige Kredite an viele (Militär-) Regierungen des Südens. Das Geld floss mit Wissen der Kreditgeber teilweise in Prestigeprojekte oder in Waffenkäufe oder verschwand in korrupten Kanälen. Die billigen Kredite haben zu einer Verschuldung und Verarmung geführt, weil die Selbstversorgungsmöglichkeiten der „unterentwickelten" Ländern dadurch zerstört wurden und diese abhängig machte von den Importen. Die reichen Staaten der Erde brachten im Jahr 2005 etwa 52 Milliarden Euro für Entwicklungshilfe auf. Etwa 80 Prozent dieser Gelder floss

[17] in der Vaterunser-Predigtreihe am 4.3.2007 in Lüchow

direkt in Unternehmen aus diesen wohlhabenden Staaten. Gleichzeitig wurden von den reichen Industriestaaten circa 200 Milliarden für Abschottungsmaßnahmen gegen die Produkte der sog. »3. Welt« aufgewandt.

Wie vergeben wir unsern Schuldigern?

Die Bibel beschreibt unsere Praxis der Schuldvergebung in der Geschichte vom Schalksknecht. Die wird eingeleitet von der Frage, wann man denn genug vergeben hat, ob siebenmal ausreicht? Jesus sagt: „siebzigmal siebenmal." (Mt 18, 22)

Dann folgt das bekannte Schalksknecht-Gleichnis: Der König zieht Bilanz, da wurde einer vor ihn gebracht, der ihm zehntausend Zentner Silber schuldig war. Eine unglaubliche Schuld! Und dann heißt es: Der König ließ ihn frei und die Schuld erließ er ihm auch.

Da ging dieser Knecht hinaus und traf einen seiner Mitknechte, der war ihm hundert Silbergroschen schuldig; und er packte und würgte ihn und sprach: Bezahle, was du mir schuldig bist! Alles Betteln hilft nicht. Der Knecht ging hin und warf seinen Mitknecht ins Gefängnis, bis er bezahlt hätte, was er schuldig war.

„wie wir vergeben unsern Schuldigern?" Müsste es nicht im Vaterunser heißen: vergib uns unsere Schuld, bloß nicht so, wie wir unsern Schuldigern vergeben?

EG 412, 6

Vergibst mir täglich so viel Schuld, du Herr von meinen Tagen; ich aber sollte nicht Geduld mit meinen Brüdern tragen, dem nicht verzeihn, dem du vergibst, und den nicht lieben, den du liebst?

Was ist „Schuld", wer hat „schuld". Was bedeuten diese Worte und was sagt unsere christliche Tradition dazu.

Schuld? – Wir bezeichnen im Deutschen ganz unterschiedliches damit:

Ich erinnere mich noch gut an das Unglück von Eschede, wie schwer es in den ersten Tagen war mit dieser Katastrophe fertig zu werden, weil man nicht wusste, warum ist das passiert? Erst als man den Radreifen als Ursache herausgefunden hatte, konnte man öffentlich damit umgehen. Schuld – hier im Sinne von Ursache, lat. causa, Kausalzusammenhang.

Dann gab es einen Prozess. Man musste herausfinden, ob ein Ingenieur „Schuld" hatte. Das meinte, ob er einen Fehler gemacht hatte, gegen eine Vorschrift verstoßen hatte. lat. culpa, Schuld als Verantwortlichkeit.

Die Übertretung einer Norm, im jüdisch-christlichen Kontext wird diese Schuld „Sünde" genannt und als Übertretung der 10 Gebote verstanden oder als Zerstörung einer Beziehung zu Gott oder dem Mitmenschen.

Und schließlich gibt es noch eine dritte Schuld. Das sind die Schulden bei der Bank. Auf dem Kontoauszug heißen sie „Soll", lateinisch: „debitum"!

Und dann gibt es noch Schuldgefühle, realistische und unrealistische. Da hat ein Mann seine Frau, als er sie nicht mehr pflegen konnte, ins Hospiz gebracht. Dort ist er nicht von ihrer Seite gewichen und dann hat sie ihn fortgeschickt, nachhause. Als er zuhause ankam, hat man ihn angerufen, seine Frau sei eben verstorben. Nun hat er Schuldgefühle, „sie wäre nicht gestorben, wenn ich da geblieben wäre!"[18] sagt er.

„Vergib uns unsre Schuld", wie geht man damit um? Rache, Sühne, Strafe. Schuld kann nur vergeben werden, wenn der schuldig gewordene sich dazu bekennt (vielleicht Wiedergutmachung anbietet) und wenn der andere, an dem man schuldig geworden ist, bereit zur Vergebung ist.

Wie ist das in unserer Gesellschaft? Bei den Großen wie bei den Kleinen, bei dem Deutschen Bank Chef Ackermann, wie bei dem Taschendieb. Ich habe den Eindruck, es gibt keine Schuld mehr in dieser Welt, jedenfalls gibt es das Bekenntnis zur eigenen Schuld nicht mehr. Ich achte bei den Nachrichten des Tages darauf, gibt es einen, der sagt, ich habe das gemacht, ich stehe dazu, ich trage die Verantwortung? Das letzte Mal, an das ich mich erinnern kann, war der Rücktritt von Willy Brandt. Und das liegt ja schon lange zurück. Wir leben in einer Kultur der „Unverantwortlichkeit", hat Horst Eberhardt Richter gesagt. Wer nicht verantwortlich ist, kann auch keine Schuld auf sich laden. Es gibt keine Schuld mehr?

---

[18] Die Schuld im Sinne von „causa" und die unrealistischen Schuldgefühle kann man nicht vergeben, dagegen kann man die Schulden tilgen und die „Sünden", die Übertretungen von Normen können vergeben werden.

Viele Möglichkeiten gibt es mit Schuld umzugehen oder die Schuld zu umgehen: Wir streiten die Schuld ab, wir spalten sie ab und verdrängen sie ins Unbewusste. Oder wir lenken von uns ab, indem wir andere beschuldigen. Oder wir beschönigen sie: „das tut doch jeder". Oder „das tue ich im Interesse meiner Firma". (Ich denke an Kanther und den CDU-Spendenskandal). Oder wir geben nur einen kleinen Teil der Schuld zu. Mir scheint so, als ob das juristische System bei uns dazu dient, sich nicht zu seiner Schuld zu stellen, sondern Gründe zu finden, „frei" zu kommen. Man wird aber nicht „frei", wenn man die Übertretung nicht verantwortet. Schuld, die aus dem Bewusstsein ausgeblendet, verdrängt wird, kommt in Form psychischer Störungen wieder hoch. Schuld, die nicht vergeben ist, wirkt weiter, und zwar verändert sie den, der nicht vergeben kann, wie den, der seine Schuld nicht los wird. Sie gebiert neue Übertretungen, neue Schuld, neue Gewalt.

Dorothee Sölle und Fulbert Steffensky erzählen folgende Begebenheit, in der es um die Verharmlosung von Schuld geht: „In einem Gefängnis in New York war auch ein junger Schwarzer, der seine Mutter erschlagen hatte. Einmal hat unser Freund mit ihm darüber gesprochen, wieso es in einer verarmten Gegend, wo die Menschen zu dicht beieinander wohnen, in einer zerstörten Familie, ohne Hoffnung auf Arbeit und Lohn, mit Alkohol- oder Drogenabhängigen, die keinen Sinn in ihrem Leben sehen, zu so etwas kommen kann.

Während er noch die möglichen Gründe für das Verbrechen aufzählte, schrie der Schwarze plötzlich unseren Freund an: »Hör endlich auf mit dem Gequatsche! Ich habe meine Mutter erschlagen! Das kannst du mir nicht wegreden. Das ist meine Schuld und nicht die der Verhältnisse!«

Der Junge Mann hatte verstanden, dass Schuld zur menschlichen Würde gehört. Wenn mir jemand meine Schuld ausreden will, dann nimmt er mich nicht mehr ganz ernst. Dann versucht er, mich um etwas zu betrügen, was ich doch auch bin. Dann nimmt er mir etwas weg, was zu meinem Leben gehört. Wir könnten auch sagen: dann redet er mir Gott aus und gibt mir dafür ein bisschen Umweltpsychologie. Es gehört zur Größe des Menschen, dass er schuldfähig ist. Nur dann kann er sich von der Schuld weg - und zum Leben bekehren."[19]

Als Häftling im NS-Arbeitslager Lemberg wird Simon Wiesenthal eines Tages überraschend einem schwerverwundeten SS-Mann vorgeführt und mit ihm allein im Raum gelassen. Der Deutsche liegt im Sterben und hat nach einem Juden rufen lassen. Weinend gesteht der Sterbende seine Beteiligung an einem Massaker an der örtlichen jüdischen Bevölkerung und bekennt seine Schuld. Er sieht in seiner Verwundung eine gerechte Strafe für seine Verbrechen und bittet Wiesenthal inständig um ein Wort der Vergebung - um in Frieden sterben zu können. Was hätten Sie getan? [20]

EG 324,9 Du strafst uns Sünder mit Geduld und schlägst nicht allzu sehr, ja endlich nimmst du unsre Schuld und wirfst sie in das Meer.

„vergib uns unsre Schuld, wie auch wir vergeben unsern Schuldigern!"
In 5. Mose 15, 1-2 wird gefordert, dass jedes siebte Jahr in Israel ein sog. Schuldenerlass ausgerufen werde. Jeder Israelit soll die Darlehen, die er gegeben hat „loslassen". Ein abgestimmtes Regelwerk, mit dem wachsende Verschuldung und Abstieg in Armut und Sklaverei verhindert werden soll.
Am großen Versöhnungstag wird die Sünde des Volkes einem Widder auf die Schultern gepackt, ehe er in die Wüste gejagt wird. Das ist der Sündenbock.

Unsere Bitte steht im Vaterunser zwischen zwei anderen Bitten:
„Unser tägliches Brot gib uns heute. Und vergib uns unsere Schuld, wie auch wir vergeben unseren Schuldigern. Und führe uns nicht in Versuchung, sondern erlöse uns von dem Bösen."
So sieht es Jesus: So alltäglich wie Hunger und Durst ist die Schuld, die wir auf uns laden, ist die Versuchung, der wir begegnen. So sieht unser Leben aus: geprägt von

[19] Dorothee Sölle, Fulbert Steffensky, Nicht nur Ja und Amen, rororo S. 25 f.
[20] „Die Sonnenblume" Simon Wiesenthal (Ullstein 1984)

Mangel, von Schuld und von Versuchlichkeit. So nötig wie die Nahrung ist die Vergebung, und so nötig wie die Vergebung ist Bewahrung und Erlösung von dem Bösen.[21]

Der Wirtschaftswissenschaftler Muhammad Yunus aus Bangladesch wurde 2006 mit dem Friedensnobelpreis geehrt. Mit seiner Bank für die Armen, die Kredite nicht an die Besitzenden, sondern an die Mittellosen vergibt, hat er bewiesen, dass es möglich ist, die Welt zu verändern. 98% seiner Schuldner, zahlen den Kredit zurück. Es ist kein Gesetz, dass die Geldbesitzenden immer reicher werden müssen und die Schuldner immer ärmer werden. Wir haben uns zwar daran gewöhnt, aber das Evangelium sagt ganz klar: vergib deinen Schuldnern. Yunus macht es uns vor!

Ich schließe mit einem Beispiel von Sündenvergebung aus Lüneburg. Einer alten Frau wurde im Gedränge die Handtasche geklaut. Der Jugendliche wurde geschnappt. Normalerweise hätte er eine Strafe, Geldstrafe oder Ableistung bekommen. Der Richter ordnete aber Mediation an. Das heißt, der Jugendliche musste mithilfe eines Dritten – des Mediators – ins Gespräch mit der alten Frau kommen. Er hörte zu, wie die alte Frau berichtete, wie ihre ganze Welt durch den Diebstahl zusammengebrochen ist, dass sie sich nicht mehr auf die Straße wagt, dass sie absolut unsicher geworden ist und nicht mehr in dieser Welt leben will. Und die alte Frau hörte zu, warum der junge Mann Geld für seine Drogen brauchte, dass er keinen Sinn in seinem Leben fand. Dass er nach einem Kick suchte, etc. Das Ergebnis der Mediation war, dass der junge Mann nun die alte Dame wöchentlich besucht, sie unterhalten sich, er kauft für sie ein, eine neue Beziehung ist entstanden. Die Wunde des Überfalls ist vernarbt.

Amen

EG 344,6

---

[21] Bibl. Geschichten der Schuldübernahme und Vergebung: Jakob und Esau Gen 32; David und Nathan 2. Samuel 12; Ehebrecherin Joh 8; Der verlorene Sohn Lukas 15,11 ff.; Der Gelähmte am Teich Bethesda Joh 5; „Sündige hinfort nicht mehr!“

Predigt 2. Tim 1, 7-10 [22]

Gott hat uns keineswegs einen Geist der Feigheit gegeben, sondern einen Geist der tätigen Kraft und der liebevollen Zuwendung, einen Geist, der zur Vernunft bringt. Also weiche nicht peinlich berührt davor zurück, dich zu dem zu bekennen, dem wir gehören - und ebenso wenig zu mir, der ich sein Gefangener bin! Sondern nimm für das Evangelium, die Botschaft der Rettung, auch das Schlimme mit auf dich, wozu Gott dir die nötige Kraft gibt.

Denn Gott hat uns gerettet und uns gerufen mit heiligem Ruf, nicht aufgrund unserer Taten, sondern aus eigenem Entschluss und freier Zuneigung. Dieses unverdiente Wohlwollen hat Gott uns schon vor ewigen Zeiten geschenkt in dem Christos Jesus, es ist aber jetzt sichtbar geworden, da unser Retter, der Christos Jesus, erschienen ist. Er hat den Tod entmachtet und unvergängliches Leben ans Licht gebracht durch das Evangelium, die Botschaft der Rettung.[23]

Das ist ein Predigttext, der mich anspricht. Oft wird der erste Vers „Denn Gott hat uns nicht gegeben den Geist der Furcht, sondern der Kraft und der Liebe und der Besonnenheit“ von Eltern als Taufspruch gewählt, manche wünschen sich diese Worte auch als Überschrift über den gemeinsamen Lebensweg. Es ist Ermutigung und Stärkung pur: Kraft, Liebe und Besonnenheit. Dem Tod ist die Macht genommen.

Wenn man die Erklärungen der Theologen über den sog. Timotheus Brief liest, staunt man über die Situation, in die hinein dieser Text geschrieben wurde. Es muss in den Gemeinden drunter und drüber gegangen sein. Spannungen, Konkurrenzen, Vorwürfe überall. Der unbekannte Verfasser aus dem 2. Jahrhundert borgt sich die Autorität des Paulus und seines Mitarbeiters Timotheus, um seine Gemeinden gegen die Einflüsse bestimmter Irrlehrer zu schützen. Man kann die Timotheus Briefe als Ermutigung

---

[22] DIE LESEPREDIGT 43. Jg. 2008/2009, 16. Sonntag nach Trinitatis, 19.9.2010, Nr. 54: 2. Reihe

[23] Bibel in gerechter Sprache

verstehen, nicht von der apostolischen Lehre abzuweichen, sondern die alte Glaubensüberlieferung zu bewahren. Also eigentlich gar kein Text für die „Hoch“zeiten des Lebens, sondern eher für Zeiten, wenn alles den Bach runter geht, wenn es scheint, als würde die Welt aus den Fugen geraten. Also für uns jetzt. Als diese Predigt geschrieben wurde, sprach man von der zweiten Weltwirtschaftskrise, Banken brachen wie Kartenhäuser zusammen, alle Wirtschaftsdaten zeigten nach unten. Milliardenpakete wurden geschnürt, Insolvenzen ließen sich nicht auffangen, immer mehr Menschen verloren ihre bezahlte Arbeit. Die Angst, wie wird es weitergehen, machte sich breit. Und wie sieht unsere Welt heute aus?

Was uns mit den Menschen des 2. Jahrhunderts verbindet ist die Erfahrung der Angst, der Unsicherheit, der Ungewissheit. Haben wir der Angst etwas entgegenzusetzen?

Präsident Obama hat am Tage seiner Einführung u.a. gesagt: „Heute verkünden wir das Ende der kleinlichen Streitigkeiten und der falschen Versprechen, das Ende der ausgeleierten Dogmen, die unsere Politik eingeschnürt haben. Es ist die Zeit gekommen, unseren von Generation zu Generation weitergegebenen Gründungsgedanken weiter in die Zukunft zu tragen, dass alle Menschen gleich und frei sind, dass alle Menschen im Streben nach ihrem eigenen Glück die gleiche Chance verdienen.“

Wir sind keine Politiker. Was haben wir als Christen und Christinnen zu sagen? Was setzen wir unseren Ängsten und denen unserer Mitmenschen entgegen?

„Gott hat uns nicht gegeben den Geist der Furcht, sondern den Geist der Kraft und der Liebe und der Besonnenheit.“ Der Schreiber dieser Worte fühlt sich als Gefangener und ermutigt diejenigen, die draußen drauf und dran sind, die Flinte ins Korn zu werfen: „Vergiss nicht, wo du herkommst, und vergiss nicht wofür du lebst. Du bist in Diensten deines Herrn Jesus Christus. Du bist einer der berufen ist, für Gott und seine Sache zu leben. Niemand wird von Gott berufen, weil er ein toller Kerl ist, oder weil sie eine besondere Frau ist. Nicht unsere guten Werke machen uns für Gott besonders brauchbar. Nein – Gott beruft uns Menschen, ohne unser Verdienst. Gott braucht uns alle! Wir sind Berufene Gottes, wir dürfen leben, weil er es will, und wir sollen für Gott und seine Sache leben."

Das Bild des unzerstörbaren, auferstandenen Lebens tragen wir in uns, das Jesus uns in seinen Tagen vorgelebt hat; wir spüren seinen Geist, der uns kräftig macht, klug und ganz liebend. „Gott hat uns ganz persönlich gewollt, und seine Absicht war es schon vor ewigen Zeiten, uns ganz eng an Jesus Christus zu binden. Diese Gnade Gottes ist jetzt sichtbar geworden, da Jesus, der Messias, unser Befreier, erschienen ist. Er hat den Tod besiegt und uns Menschen durch das Evangelium mit dem Licht und der Klarheit erfüllt, die Leben, unzerstörbares Leben bedeutet." (Übersetzung K. Berger)

Der Verfasser des Timotheus-Briefes redet die Welt nicht schön, er verharmlost nicht die Ängste der Menschen, er verniedlicht nicht, was seine Freunde bedrückt. Viele Menschen sagen: „es wird schon wieder!", „es muss weiter gehen!", „Kopf hoch!" oder „so ist es eben, da kann man nichts machen. Es war immer so!" Verzagtheit, Angst, Furcht nennt der Schreiber des Briefes beim Namen, aber bei der Beschreibung des Ist-Zustandes bleibt er nicht stehen, sondern setzt dagegen, was er glaubt, wie Gott die Welt gemeint hat. Diese Kraft, für das Leben einzutreten, diesen Geist der liebevollen Zuwendung und der zur Vernunft bringt, kommt von Gott. Die Geschichten der Bibel hören damit nicht auf, dass sie beschreiben oder beklagen, wie die Welt ist. Sie erheben im Namen Gottes Einspruch. Sie erinnern Gott und uns an die Befreiung. Jesus hat die Armen nicht bedauert, sondern ihnen Gottes Reich zugesagt, die Lahmen und Blinden hat er nicht mit Almosen abgespeist, sondern ihre Krankheit geheilt, die Augen geöffnet. Die Trauernden hat er selig gesprochen, weil sie getröstet werden.

Am Anfang der Wirksamkeit Jesu heißt es bei seiner Taufe: „Du bist mein geliebtes Kind, an dir habe ich Gefallen." In der Taufe wird das jedem auf den Kopf zugesagt: „Du bist Gottes Kind! Er liebt dich!" Es ist, glaube ich, immer wieder nötig, dass Getaufte sich daran erinnern lassen. Paare, die diese Verheißung für ihren gemeinsamen Weg in Anspruch nehmen. Menschen, die durch Krankheit, durch den Verlust eines geliebten Menschen getroffen sind, Menschen, die in ihren Ängsten gefangen sind: Fürchte dich nicht! Gott gibt dir Ansehen, er hat an dir Gefallen.

„Fürchte dich nicht!“ Dieser Zuspruch kommt 57 mal in der Bibel vor. Bei Jesaja: „Fürchte dich nicht, ich habe dich bei deinem Namen gerufen!“ Und bei Lukas in der Weihnachtsgeschichte: „ Fürchtet euch nicht, denn siehe ich verkündige euch große Freude..!“
Was können wir im Angesicht existenzieller Ängste mit dieser Botschaft anfangen? Durch diese Botschaft des „Gott hat uns nicht gegeben den Geist der Furcht...“ bekommt ein Arbeitsloser keinen neuen Job, wie auch der Schreiber dieser Zeilen nicht dadurch aus dem Gefängnis herauskatapultiert wird. Aber die Deutung seiner Situation bekommt eine andere Blickrichtung. Das Fundament meines Lebens wird nicht von dem bestimmt, was ich leiste, sondern ich werde erinnert, dass ich lebe, weil Gott es will. Der Lahme bleibt nicht lahm, der Aussätzige bleibt nicht unrein, der Arme wird genug zum Leben haben, wer trauert, wird getröstet, die Tränen werden abgewischt, die Mächtigen bleiben nicht oben, die Tyrannen werden gestürzt. Das Leben ist möglich für alle, auch wenn alles dagegen spricht.

Ich möchte Ihnen von einem wunderschönen Kinderbuch erzählen, es heißt „Der Punkt“ (von Peter H. Reynolds im Gerstenberg Verlag, Hildesheim 2008). Dieses Buch hat mich begeistert, weil es an einer kleinen Episode erzählt, wie durch einen veränderten Blickwinkel der Lehrerin, sich für die kleine Schülerin Ina eine neue Welt auftut.

Die kleine Ina sitzt am Ende des Kunstunterrichtes immer noch vor einem leeren Blatt Papier. Die Lehrerin sieht das und sagt: „Oh, ein Eisbär im Schneesturm!“ Man sieht Ina ihren Frust am Kunstunterricht an: „Ich kann einfach nicht malen!“ Die Lehrerin lächelt: „Mal einfach irgendetwas und sieh, was passiert.“ Das nächste Bild: Ina nimmt einen Stift und knallt ihn mit voller Wucht auf das Papier! Die

Lehrerin schaut das Blatt an, schaut den Punkt an, nimmt das Blatt in die Hand und studiert es ganz genau und sagt: „Hmmmmm!“ Dann legt sie es wieder vor Ina und sagt: „Jetzt schreib deinen Namen darunter.“ Dick und fett schreibt sie INA auf das Blatt. Eine Woche später im Kunstunterricht hängt über dem Lehrerpult ein neues Bild in einem wunderschönen Rahmen, darin der kleine Punkt von Ina. Da dachte Ina, ich kann noch einen schöneren Punkt malen. Sie begann, öffnete ihren Tuschkasten, den sie so gut wie noch nie benutzt hatte und malte und malte lauter Bilder mit Punkten. In allen Farben, dann begann sie die Farben zu mischen und entdeckte ganz neue Farben. Große und kleine Punkte malte sie. Ein paar Wochen später war eine Kunstausstellung in der Schule, eine ganze Wand war Inas Kunstwerken gewidmet. Alle bewunderten Inas Punkte. Da sah Ina einen kleinen Jungen, der noch gar nicht zur Schule ging, der stand vor Inas Punkten und bewunderte alle Bilder. Dann sagte er zu Ina: „Ina, Du bist eine große Künstlerin, aber ich kann gar nicht malen! Ich wünschte, ich könnte so malen wie du!“ Ina entgegnete: „Ich wette, das kannst Du auch!“ „Nein“, sagte er, „ich kann ja nicht einmal einen Strich malen!“ Still legte Ina ihm ein weißes Blatt Papier hin, „versuch's doch mal!“ Zitternd zog er mit einem Bleistift einen Strich und schaute unsicher und ängstlich zu Ina. Die sagte: „Jetzt musst Du nur noch Deinen Namen darunter schreiben...“!

Als ich dieses Bilderbuch das erste Mal anschaute, stieg in mir eine leise Freude auf, ich musste unwillkürlich schmunzeln. Eben noch war die kleine Ina voller schlechter Gefühle, Abwehr gegen den Malunterricht, Unlust, ängstlich sich zu blamieren – und durch die ermutigende Begleitung der Kunsterzieherin ist das alles von ihr abgefallen, wie ein schlechtes Gewand, und sie wird selbst zu einer Ermutigung für einen anderen Jungen.

Vielleicht kennen Sie das auch? Vermutlich haben sich viele von Ihnen in Ina wiedergefunden: Ich kann einfach nicht malen! Das hat man Ihnen möglicherweise einmal gesagt und nun begleitet Sie diese Botschaft. Sie kämen nie auf die Idee sich einfach mal hinzusetzen, ein weißes Blatt Papier zu nehmen und los zu malen, einfach mal schauen, was passiert.

In dieser kleinen Bildergeschichte wird das Muster dieser negativen Botschaft auf wunderbare Weise verändert. Für mich ist diese Lehrerin eine Meisterin der Pädagogik. Mir fällt auf, was diese Lehrerin alles nicht macht: sie kritisiert Ina nicht, sie redet ihr das nicht aus, sie kündigt keine schlechte Note an. Dagegen: sie akzeptiert, was Ina sagt; sie würdigt, was ist. Und sie stellt das in einen anderen Rahmen. Die Fähigkeit der Ina, wir nennen das heute die kreative Kompetenz, hat sich ja eigentlich nicht verändert. Die Lehrerin hilft ihr, sich anders zu sehen, sich selbst anders zu deuten. Sie hat Ansehen bekommen, dadurch dass sie wahrgenommen wurde. Und das hat sie total verändert, aus einer Verweigerin wird eine Mutmacherin für andere.

Das Neue Testament erzählt viele solche Geschichten: Ich nenne nur den kleinen Zöllner Zachäus, der durch die Begegnung mit Jesus völlig verändert wird.

Amen

Predigt Offenbarung 2, 8-11 (in Teilen)[24]

Liebe Gemeinde! *Und dem Engel der Gemeinde in Smyrna schreibe: Das sagt der Erste und der Letzte, der tot war und lebendig geworden ist: Ich kenne deine Bedrängnis und deine Armut - du bist aber reich - Ich kenne auch die üblen Nachreden, die von Leuten über euch verbreitet werden, die sich als Angehörige des Gottesvolkes ausgeben. Fürchte nichts, was du erleiden wirst! Sei getreu bis an den Tod, so will ich dir die Krone des Lebens geben. Wer Ohren hat, der höre, was der Geist den Gemeinden sagt!*

[24] Volkstrauertag 1975

Liebe Gemeinde, ich erinnere mich noch gut an den früheren Landessuperintendenten Dieter Andersen aus Lüneburg. In meinem ersten Berufsjahr 1974 saß ich in der Woche vor dem Volkstrauertag bei ihm, als er einen Anruf bekam. Da fragte ein offenbar älterer Mann, wann denn der „Heldengedenktag" sei. Und Andersen antwortete: „Den haben wir 1945 abgeschafft, aber wenn Sie den Volkstrauertag meinen, den begehen wir am kommenden Sonntag!"
Warum ist er so scharf: Heldengedenktag nein! Und warum hält er trotzdem am Volkstrauertag fest? Worin liegt der Unterschied?

Dieser Gedenktag hat eine wechselvolle Geschichte. Nach dem Ersten Weltkrieg mit mehr als 10 Millionen Toten wurde der Volkstrauertag eingeführt.
In seiner Gedenkrede zum ersten allgemeinen Volkstrauertag 1922 im Deutschen Reichstag sagte der Reichstagspräsident Paul Löbe, das ist eine etwas altmodische Sprache, trotzdem ist es verständlich: „Ein Volk, das seine Toten ehrt, wird... ein gemeinsames Band schlingen um viele Seelen, denen dasselbe Leid widerfuhr, und wird dieses Band auch ausdehnen auf die Mütter an der Wolga und am Tiber, deren Schmerz um den nicht mehr heimgekehrten Sohn nicht minder ins Herz sich fraß als der Mutter an der Donau und am Rhein...". Er erinnerte an das ganze Ausmaß des Leides, das der Krieg über die Welt gebracht hatte. Zugleich rief er zu Umdenken und Umkehr auf. Ich zitiere: „Leiden zu lindern, Wunden zu heilen, aber auch Tote zu ehren, Verlorene zu beklagen, bedeutet Abkehr vom Hass, bedeutet Einkehr zu Liebe, und unsere Welt hat die Liebe nötig ..."

1934 verkam die Idee des Volkstrauertages durch die Nazis zur Heldenverehrung, und aus Völkerfreundschaft wurde Rassenwahn und Völkermord. Der zweite Weltkrieg mit 55 Millionen Toten war die Folge.
1952 wurde der Volkstrauertag zum nationalen Gedenktag erklärt.

Dieter Andersen war selbst Offizier der Wehrmacht, war verstrickt in dieses Unrecht. Und deswegen, denke ich mir, war er so radikal: nie wieder eine Verherrlichung von

Helden, von Mord und Totschlag. Heldengedenktag ist abgeschafft! Er wusste, wohin das führt, wenn man das Böse zu Heldentaten uminterpretiert. Aber Andersen hielt am Volkstrauertag fest! Warum? Ich glaube, weil er gelernt hat aus dem Schrecken des Krieges. Krieg darf nach Gottes Willen nicht sein! Weil er die Trauerarbeit gelernt hat, dass Leiden die Opfer und Täter miteinander in Verbindung bringen muss, dann kann Versöhnung und Vergebung möglich werden. Volkstrauertag, da gibt es den Schmerz zu verarbeiten, den Schmerz auch über die Irrwege, die man selber gegangen ist.
Ich vermute, dass die Gruppe aus der Gemeinde, die gestern das KZ Bergen-Belsen besucht hat, das Entsetzen und den Schrecken gespürt hat, wie konnte das geschehen, wieso haben unsere Eltern und Großeltern davon nichts gewusst?

Ich finde, der Volkstrauertag ist ein schwieriger Tag. Jedenfalls für uns in der Kirche. Es geht um Frieden. Aber was ist Frieden? Ich stelle ein paar Fragen? Ist Frieden dort, wo unsere sog. Friedenstruppen sind? In Afghanistan, in Bagdad, in Gaza, vor dem Libanon, im Kongo, in Somalia. Ist Frieden in Iran, in Nordkorea, ich frage weiter: ist Frieden im Knast in Siegburg, auf den Schulhöfen, in den Fernsehsendungen unserer Kinder, auf dem Arbeitsmarkt, ist Frieden bei den Geduldeten, bei den von Abschiebung Bedrohten? Vielleicht ist an manchen diesen Orten Waffenstillstand, vielleicht ist der Krieg gerade nicht so heftig dort, aber ist das Frieden? Auf unserer Erde werden derzeit jährlich 1000 Milliarden D-Mark für Rüstung ausgegeben. Für die Deckung der sozialen Grunddienste (Grundbildung, Gesundheitsdienst, Wasserversorgung) aller Menschen veranschlagt die UNO etwa 175 Milliarden D-Mark jährlich, keine 20 % der Rüstungsausgaben würden reichen, damit alle Menschen satt werden. Täglich sterben 40tausend Kinder an Hunger. In dem Landkreis Lüchow-Dannenberg, in dem ich wohne, leben 45tausend Menschen, etwa soviel Kinder wie dort Menschen leben, verhungern täglich. Nach der Wende sagte Helmut Kohl: „wir sind von Freunden umzingelt," aber seitdem geht die Aufrüstung noch schneller voran als zu Zeiten des Kalten Krieges. Nach der Wende gab es große Bemühungen, auch von Seiten der Kirchen für einen zivilen Friedensdienst. Gelder

aus dem Militärhaushalt sollten zur Ausbildung von Friedensfachkräften verwandt werden, um in Krisengebieten wirkliche Versöhnungsarbeit zu leisten. Heute ist Deutschland der 5. größte Waffenexporteur der Welt. Rüstung tötet auch ohne Krieg. Ich habe gerade gestern einen Brief vom Internationalen Versöhnungsbund bekommen, in dem heißt es: „Die Mehrheit der Menschen hat sich an den weltweiten Einsatz des Militärs gewöhnt. Der Gebrauch von Atomwaffen im Krieg gegen den Terror ist kein Tabu mehr und wird offen in Erwägung gezogen, ebenso wie die Folter gegen Menschen, die als Terroristen verdächtigt werden. Auch in demokratischen Staaten gibt es kein Menschenrecht mehr, das nicht auf dem Altar der Sicherheit geopfert werden kann..."
Werden unsere Enkel und Urenkel das über uns sagen, was wir über unsere Eltern und Großeltern sagen: Ihr habt das doch gewusst, warum habt ihr nichts getan, warum habt ihr euch daran gewöhnt?

Ich sagte eben, der Volkstrauertag ist ein schwieriger Tag. Jedenfalls für uns in der Kirche. Was ist Frieden? Der Volkstrauertag fordert uns heraus, uns nicht einfach mit allem zufrieden zu geben: Hauptsache uns geht's gut! Dietrich Bonhoeffer hat 1934 auf einer ökumenischen Versammlung eine Rede gehalten, in der sich mit der Frage auseinandergesetzt hat: „Wie wird Friede? Durch ein System von politischen Verträgen? Durch Investierung internationalen Kapitals in den verschiedenen Ländern? D.h. durch die Großbanken, durch das Geld? oder gar durch eine allseitige friedliche Aufrüstung zum Zweck der Sicherstellung des Friedens? Nein, durch dies alles aus dem einen Grund nicht, weil hier überall Friede und Sicherheit verwechselt wird. Es gibt keinen Frieden auf dem Weg der Sicherheit. Denn Friede muss gewagt werden, ist das eine große Wagnis und lässt sich nie und nimmermehr sichern. Friede ist das Gegenteil von Sicherung. Sicherheiten fordern heißt Misstrauen haben, und dieses Misstrauen gebiert wiederum Krieg.."

Ich finde diese Sätze heute nicht weniger provozierend als 1934, sie kosten uns heute nicht das Leben, aber ich finde sie provozierend, weil sie uns herausrufen aus der

Gewöhnung! Dauerhafter, tragender Friede entsteht nicht durch den Versuch der Sicherung mittels Abgrenzung und Abschreckung. Frieden entsteht niemals durch Macht und Gewalt, auch wenn uns das unsere Politiker so sagen. Frieden muss immer wieder neu gesucht und gestaltet werden.

Wie lernen unsere Soldaten Frieden zu machen? Sie lernen das Kriegshandwerk, sie lernen wie man durch militärische Präsenz Menschen in Angst versetzt, aber lernen sie, wie man Frieden schafft, wie man Feinde versöhnt, wie man zwischen Gruppen für gegenseitige Anerkennung und Achtung wirbt? Wie man eine andere Religion respektiert? Wie man die Würde der Kinder, der Frauen, der Kranken, der Opfer, der Gefangenen achtet?

Es gibt dafür Ausbildungen, die zivilen Friedensdienste. Und ich weiß, wie die Friedensprojekte unter Geldnot leiden. Es gibt hervorragende Projekte für Schulen „Schritte gegen Tritte" – aber wo haben Sie davon gehört? Wo werden sie gefördert? Bonhoeffer sagt: „Friede muss gewagt werden. Friede ist das Gegenteil von Sicherung. Sicherheiten fordern heißt Misstrauen haben, und dieses Misstrauen gebiert wiederum Krieg.."

Was ist unsere Aufgabe als Kirche? Wir sitzen nicht an den Schalthebeln der Macht. Ich bin nicht Politiker, ich halte keine Parteitagsrede, meine Aufgabe ist, das Evangelium zu predigen! Als Kirche sind wir nicht das Schmieröl der Gesellschaft, das hat uns das Dritte Reich gelehrt – wo die Kirchen vorwiegend geschwiegen haben zu allem Unrecht und dadurch mitschuldig geworden sind; das haben uns andererseits die Kirchen in der DDR gelehrt, die sich immer wieder unbequem eingemischt haben, sie waren manchmal Salz der Erde. Ich leide darunter, dass gegenwärtig unsere Kirchen so mit sich selbst beschäftigt sind, dass sie schweigen zu dem Rüstungswahn, Militarisierung, Gewaltgewöhnung. Sich an die Ungerechtigkeit zu gewöhnen, das ist Sünde! Und wir als Kirche werden schuldig!

Was können wir tun? Ich glaube der erste Schritt ist, wahrzunehmen was ist, nicht schön zu reden, nicht zu schweigen, sich nicht zu gewöhnen an die Ungerechtigkeit, sondern auszusprechen, was Sache ist. Das Unrecht beim Namen nennen: Bei den Rüstungsausgaben, bei den Waffenexporten,
Der zweite Schritt ist den Glauben ins Spiel bringen, d.h. so wie es ist, entspricht es nicht dem Willen Gottes. Glauben heißt ganz einfach: So ist die Welt – und so anders ist die Welt von Gott gemeint! Unglaube ist: So ist die Welt – und wir können nichts machen! Wie hat Gott sie gemeint? Frieden und Gerechtigkeit sollen sich umarmen, sollen sich küssen. Du sollst nicht töten und deine Kinder sollen nicht lernen, wie man tötet! Herr Meyer hat gerade das Evangelium vorgelesen, wenn du einen hungern siehst, gib ihm zu essen, wenn einer nackt ist, kleide ihn, wenn einer gefangen ist, besuche ihn. Du sollst nicht stehlen, nicht begehren deines Nächsten Besitz! Es sind ganz einfache Grundprinzipien des Lebens, die uns die Bibel nahe legt, damit das Leben der Menschen untereinander und mit der Schöpfung gut läuft.

Gott sagt: Ich kenne deine Bedrängnis und deine Armut - du bist aber reich - Ich kenne auch die üblen Nachreden, die von Leuten über euch verbreitet werden, die sich als Angehörige des Gottesvolkes ausgeben. Fürchte nichts, was du erleiden wirst! Sei getreu bis an den Tod, so will ich dir die Krone des Lebens geben. Wer Ohren hat, der höre, was der Geist den Gemeinden sagt!

„Ich kenne deine Bedrängnis und deine Armut - du bist aber reich.“ So steht’s im heutigen Predigttext.
Wo soll das gute Wort des Evangeliums verlässlich aufbewahrt werden, dass es nicht vergessen wird, wenn nicht bei Christen, die bis in den Tod treu und zuverlässig bleiben? Und wo soll der Friede auf Erden einziehen, wenn wir Christen die Botschaft vom Frieden und der Gerechtigkeit verschweigen? Ich bin kein Heiliger, ich habe auch keine einfachen Lösungen für die Weltprobleme und ich krieg auch im Zusammenleben nicht alles hin. Aber ich wünsche, dass es anders gehen möge, und ich arbeite daran. Ich will mir die Wut im Bauch über die Ungerechtigkeit an der ich

auch beteiligt bin, nicht abgewöhnen. Wenn wir das Wünschen vergessen, wenn wir die Orientierung vergessen, wie die Welt von Gott gemeint ist, dann sind wir gottlos!

Die biblische Botschaft liegt nun einmal quer zum üblichen Denken. Das Evangelium ist keine lauwarme Limonade, die alles gutheißt.
„Fürchte dich nicht vor dem Unbequemen." An anderen Stellen der Erde ist Christsein bis heute lebensgefährlich. Hier bei uns kostet es nicht das Leben, aber Lebenskraft und Mut, manchmal sogar ziemlich viel davon. Äußerlich arm, aber hier bist du ganz reich, sagt das Bibelwort. Reich an einem Schatz. Kirche arm, nicht nur in Zukunft ärmer an Geld, sondern wahrscheinlich ärmer an Einfluss, immer weniger beachtet und gefragt, und doch reich an einem Glauben, der die Welt retten kann.
„Wer Ohren hat zu hören, der soll hören, was der Geist den Gemeinden sagt."

In Münster in Westfahlen wurde im Krieg eine Kirche zerbombt. Der zerbrochene Christus hatte sein Arme verloren und lag auf dem Schutt, wenige Wochen später fand man folgendes Gedicht an den Corpus geheftet:
»Christus hat keine Hände, nur unsere Hände, um seine Arbeit heute zu tun. Er hat keine Füße, nur unsere Füße, um Menschen auf seinen Weg zu führen. Christus hat keine Lippen, nur unsere Lippen, um Menschen von ihm zu erzählen. Er hat keine Hilfe, nur unsere Hilfe, um Menschen an seine Seite zu bringen. Wir sind die einzige Bibel, die die Öffentlichkeit noch liest. Wir sind Gottes letzte Botschaft, in Taten und Worten geschrieben.
Und wenn die Schrift gefälscht ist, nicht gelesen werden kann? Wenn unsere Hände mit anderen Dingen beschäftigt sind als mit den seinen? Wenn unsere Füße dahin gehen, wohin die Sünde zieht? Wenn unsere Lippen sprechen, was er verwerfen würde? Erwarten wir, ihm dienen zu können, ohne ihm nachzufolgen?«
Amen

Predigt 2. Mose 3 [25] (in Auswahl)

Mose hütete die Schafe Jitros, seines Schwiegervaters, des Priesters in Midian, und trieb die Schafe über die Steppe hinaus und kam an den Berg Gottes, den Horeb. Und der Engel des HERRN erschien ihm in einer feurigen Flamme aus dem Dornbusch. Und er sah, dass der Busch im Feuer brannte und doch nicht verbrannte. Da sprach er: Ich will hingehen und die wundersame Erscheinung besehen, warum der Busch nicht verbrennt. Als aber der HERR sah, dass er hinging, um zu sehen, rief Gott ihn aus dem Busch und sprach: Mose, Mose! Er antwortete: Hier bin ich. Gott sprach: Tritt nicht herzu, zieh deine Schuhe von deinen Füßen; denn der Ort, darauf du stehst, ist heiliges Land! Und er sprach weiter: Ich bin der Gott deines Vaters, der Gott Abrahams, der Gott Isaaks und der Gott Jakobs. Und Mose verhüllte sein Angesicht; denn er fürchtete sich, Gott anzuschauen. Und der HERR sprach: Ich habe das Elend meines Volks gesehen und ihr Geschrei über ihre Bedränger gehört; ich habe ihre Leiden erkannt. Und ich bin herniedergefahren, dass ich sie errette aus der Ägypter Hand und sie herausführe aus diesem Lande in ein gutes und weites Land, in ein Land, darin Milch und Honig fließt. Weil denn nun das Geschrei vor mich gekommen ist und ich ihre Not gesehen habe, so geh nun hin, ich will dich zum Pharao senden, damit du mein Volk aus Ägypten führst. Mose sprach zu Gott: Wer bin ich, dass ich zum Pharao gehe und führe die Israeliten aus Ägypten? Er sprach: Ich will mit dir sein. Mose sprach zu Gott: Siehe, wenn ich zu den Israeliten komme und spreche zu ihnen: Der Gott eurer Väter hat mich zu euch gesandt, und sie mir sagen werden: Wie ist sein Name? Was soll ich ihnen sagen? Gott sprach zu Mose: »Ich bin der, der da ist!« Und sprach: so sollst du zu den Israeliten sagen: »ich bin da«, der hat mich zu euch gesandt!

Liebe Freundinnen und Freunde, liebe Gemeinde! Auf dieser Stola aus Chile ist dieser Text dargestellt. Ich trag diese Stola seit 20 Jahren zu den Gottesdiensten hier gern. Ich liebe diese Geschichte und sie beunruhigt mich. Sie greift nach mir – immer

[25] 18. Mai 2010 zur Verabschiedung aus dem Pfarramt

wieder. Als ich meine Predigt schon fast fertig hatte, bin ich erschrocken: Der Mose hat sich zum Schafehüten zur Ruhe gesetzt. - Wir sind heute hier, weil ich meine Zur-Ruhe-Setzung beantragt habe. Ich freue mich darauf. Und seit im März die Nachfolge geregelt ist, fällt immer mehr von mir ab und ich ahne, wie schön es sein wird, im Ruhestand zu sein. Im Text geht Gott dazwischen, stört die schöne Schäferidylle. Daher macht mir diese Geschichte zu schaffen, weil sie mich konfrontiert, provoziert, in Frage stellt. Und ich liebe diese Geschichte. Sie bringt mich in Kontakt mit meinem Menschsein, sie ernährt meine Seele. Sie erinnert mich an das von Gott in mir.

Zwei unterschiedliche Modelle von Lebensmöglichkeiten bietet diese Geschichte an: das individuelle, private Glück, Schafe zu hüten. Der Mörder Mose flieht, wo das Leben mühevoll ist, wo die Not ist, wo Geschrei, wo die Angst ist, dort will er nicht länger bleiben. Weg von da. Er ist dorthin gegangen, wo das Leben besser ist. Hat sich eine Frau genommen, eine Arbeit auch. Zu deutsch: Mein Haus, mein Pferd, mein Auto! Er hat sich seine heile Welt gebaut. Ich kann ihm das nicht verdenken. Das individuelle Glück, losgelöst von den Schwestern und Brüdern ist das eine Modell des Lebens.

Das stört Gott, Gott als Störenfried. Gott hört die Schreie der Unterdrückten, er ergreift Partei für die Schwachen. Das ist das andere Lebensmodell: das Bei-dem-andern-Sein, in Beziehung leben, des Bruders Hüter sein. Gott oder Mammon. Der real existierende Kapitalismus einerseits, der auf Kosten der Armen oder auf Kosten der Zukunft seinen eigenen Gewinn macht - und andererseits ein System, das die Bibel „Gerechtigkeit“ und „Schalom“ nennt.

Das neue in der Beziehung, die Gott am Horeb aufnimmt, ist, dass Gott den Schrei seines Volkes hört: „Ich habe ihre Leiden erkannt,“ Gott „sieht“ ihre Bedrückung, „hört“ das Schreien der Gequälten. Dieser Text ist das Credo der Befreiungstheologie, die uns gelehrt hat, uns unmittelbar in die alten Geschichten hinein zu verstricken, unsere Erfahrungen mit den Erfahrungen unserer Väter und Mütter im Glauben in Beziehung zu setzen. Und so ist für mich dieser Text auch das Zentrum der Seelsorge: das Schreien hören, die Not sehen!

Ein paar Anstöße, möchte ich weitergeben:

Die Art und Weise, wie Mose hier mit Gott im Gespräch ist, höre ich ganz unterschiedlich: Manchmal berührt es mich. Manchmal klingt es für mein Ohr so, wie man mit einer Freundin spricht, so redet Mose mit Gott. Wer bist Du? Wer bist Du für mich und wer bin ich für Dich? Eine zärtliche Zwiesprache. Ja, ich werde für dich da-sein, ich werde mit dir sein, ich werde dich begleiten. Und dann höre ich manchmal die Angst heraus: Gott, wer bist Du eigentlich, dass Du nach mir greifst? Wer bin ich, dass ich zum Pharao gehe? Bis hin zu: „Gott ich kann das nicht, der Auftrag ist zu groß, sende, wen du senden willst, aber nicht mich!"

»Ich bin da« - was für ein Name, nicht König, Retter, Hirte, Messias, Herr, Kyrios, auch nicht der „Gott der Väter und Großmütter"– die Tradition reicht nicht mehr aus! Nicht statisch, nicht als Behauptung, nicht als Perfektum, sondern in der Funktion, in der Präsenz, in der aktuellen Beziehung beschreibt sich Gott.

"Ich bin der, der da ist!" Ich bin nicht der, der flieht, ich bin nicht der, der die Augen zumacht, der seinen Profit maximiert und beim „Geldzählen hier nur Seligkeit findet", wie wir es eben gesungen haben, sondern – ich bin der, der da ist, wo es nötig ist. Sag deinen Brüder und Schwestern, ich heiße: „Ich bin da!" So übersetzt es Martin Buber und die »Bibel in gerechter Sprache« folgt ihm.

„Ich bin da – ich habe das Schreien gehört und die Not gesehen". In der Hagar-Geschichte 1. Mose 16, gibt Hagar, die Nebenfrau des Abraham, dem Sohn den Namen „Ismael", »der Herr hat dein Elend erhört«. Und Hagar nennt ihren Gott: »Du bist ein Gott, der mich sieht!« Er gibt Ansehen. Könnte das nicht für Seelsorge gelten? Seelsorge ist da-sein, das Elend sehen und das Schreien hören, dem anderen Ansehen schenken!

Das zweite, worüber ich stolpere ist der brennende Busch. Symbol für die Gegenwart Gottes. Was für ein ungeheures Bild: „Brennen und nicht verbrennen!" Das wäre doch auch ein Wunschtraum für das berufliche, persönliche und spirituelle Engagement im Leben von Seelsorgern. „Brennen und doch nicht verbrennen". Im Jahr meines Berufsanfangs1974, hat der Psychoanalytiker Freudenberger den Begriff »burnout« geprägt, für das immer häufiger auftretende Phänomen, das man in bestimmten sozialen Berufen ausbrennt, psychisch ans Ende kommt, arbeitsunfähig wird. Keine Zeit zu haben ist nicht nur bei Kirchens – aber da besonders - ein Ausweis von Wichtigkeit. Wir nehmen Termine wahr, aber nicht mehr Menschen. „Brennen und doch nicht verbrennen".

Offenbar ist das „Ausbrennen" kein modernes Phänomen, denn der Mystiker Bernhard von Clairveaux ermahnte – vor fast 900 Jahren - seinen Schüler, den späteren Papst Eugen III*: „Wenn Du Dein Leben und Erleben völlig ins Tätigsein verlegst und keinen Raum mehr für die Besinnung vorsiehst, soll ich Dich da loben? Wenn Du ganz und gar für alle dasein willst, lobe ich Deine Menschlichkeit - aber nur, wenn sie voll und echt ist. Wie kannst Du aber voll und echt Mensch sein, wenn Du Dich selbst verloren hast? Auch Du bist ein Mensch! Damit Deine Menschlichkeit allumfassend und vollkommen sein kann, musst Du also nicht nur für alle andern, sondern auch für Dich selbst ein aufmerksames Herz haben. Wenn alle Menschen ein Recht auf Dich haben, dann sei auch Du selbst ein Mensch, der ein Recht auf sich selbst hat. Warum solltest einzig Du selbst nichts von Dir haben? Wie lange noch schenkst Du allen andern Deine Aufmerksamkeit, nur nicht Dir selber? Bist Du etwa Dir selbst ein Fremder? Und bist Du nicht jedem fremd, wenn Du Dir selber fremd bist? Ja, wer mit sich selbst schlecht umgeht, wem kann der gut sein?"*

Es geht um die Frage, ob Gott durch uns in dieser Welt zugänglich gemacht oder verstellt wird, ob wir durch unsere Menschlichkeit zum Glauben einladen oder vom Glauben abraten. Es scheint ja nicht automatisch und selbstverständlich zu sein, „zu brennen und doch nicht zu verbrennen". Doch, wenn es passiert, dass man brennt und doch nicht verbrennt, dann ist offenbar Gott im Spiel. Das macht wieder die Unverfügbarkeit deutlich. Du hast es nicht in der Hand, wenn es geschieht, ist es ein Geschenk von Gott.

In den letzten Jahren sind viel mehr Kolleginnen und Kollegen in die Kurse gekommen, für die die 12 Wochen KSA (Klinische SeelsorgeAusbildung) die letzte Rettung waren. Die selber sagten, „kein halbes Jahr wäre das mit mir noch gegangen". Und interessanterweise sind wir in der Predigtarbeit in den Kursen an den Punkt gekommen, den wir „Exegese der eigenen Person" nennen: wie geht's mir mit dem Text, was brauche ich für eine befreiende Botschaft, was predige ich mir selber, was nährt meine Seele? Wir haben zwar im Studium gelernt, Texte zu exegesieren und die Gemeindesituation zu analysieren, in der Seelsorge haben wir den anderen als „living human document" (als lebendiges Zeugnis der Gegenwart Gottes) lesen gelernt. Aber uns selber als den Überbringer des Evangeliums, als das Instrument der Seelsorge achten wir das? Das zu entdecken, wie wir mit uns selber umgehen, tut fast immer weh! Aber dieser Schmerz ermöglicht, sich zu ändern. Und manche gehen nach einem Kurs mit Freuden in ihre alte Arbeit.

Ich erinnere mich gut, wie ein Kollege, der jahrelang in einer Gemeinde gearbeitet hatte, im Kurs plötzlich erschrocken sagte: „Ich wusste gar nicht, dass Seelsorge ein heiliges Geschäft ist." Zieh deine Schuhe aus! Es ist ein heiliger Moment, wenn es gelingt: „zu brennen und doch nicht zu verbrennen!" Und wenn es gelingt, dann kann erfahrbar werden, was Jakob zu Esau sagt, nachdem er seiner Angst ins Auge geblickt hat: „Ich sah dein Angesicht, als sähe ich Gottes Angesicht und du hast mich freundlich angesehen!" (1. Mose 33.10)

Was ist das Evangelium, was ist die Nahrung, die diese Geschichte für unsere Seele hat? Gott ist dort, wo die Opfer sind. Gott ist dort, wo das Leben Mühe macht. Wir können Gott dort finden, wo wir uns auf den Weg machen, das Schreien seiner Brüder und Schwestern zu hören. Wir machen die überraschende Erfahrung, dass uns bis heute im Fremden, im Kranken Gott begegnet.

Wir – ich spreche von wir – weil ich viel weniger in dieser Situation war als meine Kolleginnen und Kollegen im Klinikpfarramt – erleben in unserer täglichen Arbeit Situationen, wo Gott dringend nötig ist. Wo es wichtig ist, dass Menschen nicht allein gelassen sind in ihrer Not, sondern wo jemand ist, der ein Ohr hat für das Schreien. Wo man nicht ein Rezept gibt, wo man nicht eben ein Pflaster drauf tut: „es wird schon werden!". Sondern wo wir Gottes Stellvertreter sind: „Ich bin da!" Damit sage ich nichts gegen die notwendige hochprofessionelle Arbeit der Ärzte und Ärztinnen und der Pflegenden. Seelsorge sagt: "ich höre deine Angst, ich höre, dass du nicht weißt, wie es weitergeht, und ich bleibe bei dir." Kurz: wo man einander in Beziehung begegnet.

Und: ich brauche auch Gott. Wo soll ich denn sonst hin mit meinen Fragen und Klagen. Wo bleibe ich denn mit meiner Verzweiflung, wenn ich mich frage, warum musste das passieren? Dann brauchen wir Gott, dann muss er das Schreien mitaushalten, unser Beten hören. Und wenn ich – wie Mose – entfliehen möchte, dann brauche ich den anderen, meinen Kollegen, meine Kollegin, die mir sagen, „hab keine Angst! Du bist nicht allein!“
Ich bin nicht Mose, aber das Erschrecken vor dem unglaublichen Auftrag kenne ich auch. Ich bin nicht Gott, aber Stellvertreter Gottes bin ich schon. Die Befreiung geht nicht ohne den ersten Schritt, das Schreien hören, und dann ... ist die Befreiung die Aufgabe von uns allen. Amen

Wozu sind Mücken da? (1978)

Das fragte mich meine sechsjährige Tochter. Ich erklärte ihr, dass Mücken die Nahrung der Frösche bilden.
„Ach ja“, sagte sie, „und die sind für den Storch da, damit er sie fressen kann.“
„Aber wozu gibt es eigentlich Störche?“ fragte ich und meinte, die Antwort würde sie mir schuldig bleiben.
Ganz selbstverständlich antwortete sie: „Damit wir uns darüber freuen können!“

Reden und Vorträge aus dem Gorleben-Widerstand

Predigt am Vorabend der Demonstration [26]

Liebe Gemeinde. Ich habe als biblischen Text ein Ereignis ausgewählt, das im Zusammenhang mit dem Ende der Wirksamkeit Jesu in Galiläa steht. Jesus ahnt, dass er in Jerusalem dasselbe Schicksal erleidet, wie alle Profeten vor ihm. Keiner hört auf sie, man verfolgt sie, man tötet sie.

„Pharisäer sagen zu Jesus: Mach dich auf und geh weg von hier, denn Herodes will dich töten. Sagt diesem Fuchs, erwidert Jesus: Siehe, ich treibe böse Geister aus und mache Kranke gesund heute und morgen, und am dritten Tag werde ich vollendet werden. Doch muss ich heute und morgen und am folgenden Tag noch weiterziehen; denn es geht nicht, dass ein Profet außerhalb von Jerusalem umkommt. Jerusalem, Jerusalem, die du Profeten tötest und steinigst, die zu dir gesandt werden, wie oft habe ich deine Kinder sammeln wollen wie eine Henne ihre Küken unter ihre Flügel und ihr habt nicht gewollt! Seht, euer Haus soll euch verwüstet zurückgelassen werden."

Jesus mahnt die Menschen, ihr Handeln zu überdenken, so wie es die Profeten vor ihm getan haben. Er weist sie daraufhin, dass ihr Tun Konsequenzen für die Zukunft hat.

Profetische Stimmen, die den Blick auf die Folgen unserer Entscheidungen hinlenken wollen, gibt es auch heute. Wir haben vorhin die düstere Vision am Ende der Schöpfung gehört, die aus der Angst eines Menschen entstanden ist. (Zink, Die letzten sieben Tage der Schöpfung) Vor vier Wochen habe ich über diese Vision hinweggelesen. Jetzt spiegelt sie ein Stück auch meiner Angst wieder. Dabei kann ich mir vorstellen, dass es Menschen gibt, die diese Sätze geschmacklos finden. Aber es

---

[26] Am 22.2.1977 wurde Gorleben als Standort für das „Nukleare Entsorgungszentrum" benannt. Für den 12.3.1977 wurde zu einer Großdemonstration aufgerufen. Am Abend vorher, am 11.3.1977, wurde in der Gartower Kirche ein Gottesdienst gefeiert, in dem ich diese Predigt gehalten habe.

ist sicherlich auch die Absicht des Autors, zum Widerspruch zu reizen oder wenigstens uns aufzurütteln. Diese Vision ist wohl in ihrer sprachlichen Form einmalig, aber ihrem Inhalt nach steht sie so alleine auch nicht da.

Ich möchte Ihnen ein anderes profetisches Wort vorlesen, das aus der Sorge für kommende Generationen geschrieben wurde. „Alle bisherigen, ernsthaften Untersuchungen haben klar gemacht, dass ein weltweiter Zusammenbruch gesamtmenschlichen Daseins unvermeidlich ist, wenn die Menschheit nicht einen völlig anderen Weg einschlägt als den gegenwärtigen. Man muss annehmen, dass sich,..., wirtschaftliche und politische Krisen ereignen werden, die alle aus der gleichen Wurzel stammen. Die Energiekrise ist das erste in einer Reihe von vorhersagbaren Ereignissen. Trotz mancher zufälligen und daher vorübergehender Aspekte, hat sie doch grundsätzlichen Charakter. Nichts wird mehr sein, wie zuvor. Und es ist nicht länger entschuldbar, sich blind zu stellen gegenüber dem verhängnisvollen Irrweg, auf dem die heutige Menschheit starrköpfig dahinschreitet, aus Trägheit oder aus armseligen Beweggründen."

Das ist ein Stück aus dem Bericht des Club of Rome zur Lage der Menschheit. Der Club of Rome ist, wie Sie vielleicht wissen, eine Vereinigung von Wissenschaftlern und Philosophen, Erziehern und Wirtschaftsfachleuten aus verschiedenen Nationen. Diese hatten sich 1970 zusammengeschlossen, weil sie ungeheure Krisen auf die Menschheit zukommen sahen. Sie wollten nach Wegen suchen, um auf diese Entwicklung aufmerksam zu machen. Sie wollten an die Verantwortung des Menschen – und das heißt doch wohl, an uns alle appellieren, den Krisen, die wir selbst hervorgerufen haben, verantwortlich zu begegnen. So entstand die berühmte Studie „Die Grenzen des Wachstums". Sie wies eindrücklich auf die Gefahren eines ungesteuerten Fortschritts hin und auf die fest unlösbaren Schwierigkeiten, die sich daraus ergeben, dass nur wir in den Industrienationen an diesem Fortschritt teilhaben. Einerseits höre ich diese Mahnung, „dass ein weltweiter Zusammenbruch gesamtmenschlichen Daseins unvermeidbar ist, wenn die Menschheit nicht einen völlig anderen Weg einschlägt als den gegenwärtigen", andererseits beklemmt mich gerade diese Feststellung, weil ich die Befürchtung habe, dass diese Voraussage nicht ernst genug genommen wird.

Im großen Maßstab gesehen, merke ich, dass man schon bei der ersten vorausgesagten Krise – der Energiekrise, vor der wir stehen – genauso vorgeht, wie schon immer, dass man nämlich die Krise losgelöst von anderen Problemen anzugehen versucht, indem die Energiekapazität mit unvorstellbaren Anstrengungen vergrößert wird, ohne sich klar zu machen, dass dieses Vorgehen vielleicht schon die nächste Krise hervorrufen kann.

In meinem kleinen Lebensbereich merke ich, wie mich das alles betroffen macht. Ich habe in den letzten 14 Tagen mit vielen Menschen gesprochen, und dabei sehr oft Mutlosigkeit herausgehört: Es hat ja doch keinen Zweck! Die machen doch, was sie wollen! Ich bin kein Fachmann, davon verstehe ich nichts! Ich kann nicht leugnen, ein Stück von dieser Resignation, steckt auch in mir. Aber ist das nicht die Frage, der wir uns gerade stellen müssten: Schieben wir so nicht eine ganze Reihe von Schwierigkeiten, die auch uns unmittelbar betreffen, einfach vor uns her? Lösen wir nicht nur die kleinen Dinge in einem Boot und treiben in Wirklichkeit auf einem Strom, der in den Abgrund führt?

Zwei Bilder fallen mir ein: Das eine ist auf dem Umschlag der Taschenbuchausgabe der Studie „Die Grenzen des Wachstums“. Man sieht einen eingedrückten Globus. Vielleicht stand er einmal in einer Schule, um den Kindern deutlich zu machen, so sieht die Welt aus, in der wir leben. Da liegt Afrika, und da ist Amerika, da wohnen wir, in diesem kleinen Fleckchen der Welt. Der Globus ist – so sieht es auf diesem Bild aus – auf dem Müllplatz gelandet. Er ist eingebeult. Und dann setzt einer auf ihn seinen Schuh, um ihn vollends zu zerquetschen. Ist das unser Schicksal? Zerstören wir unsere eigene Welt, so wie jemand mit einem Fußtritt den Globus zertritt?

Ich denke noch an ein anderes Bild – von Ernst Barlach. Zwei Männer im Vordergrund, der Jüngere schaut mit übergroßen, traurigen Augen in die Ferne, in die der Alte mit seiner Hand weist. Die Landschaft ist über und über mit Kreuzen besät, mittendrin das Kreuz von Golgatha. Barlach möchte darstellen, wie Christus auf die Erde zurückkommt und nichts anderes vorfindet als eine Welt voller Kreuze. Sein

Werk ist umsonst, sein Kreuzestod hat die Menschen nicht aufgerüttelt, sie haben sich gegenseitig zugrunde gerichtet.
Ich möchte Ihnen gestehen, diese Bilder stimmen mich mutlos. Mutlos, wenn ich die Frage stelle, werden die Zukunftsvisionen der heutigen Profeten ernstgenommen? Bewirken sie eine Veränderung, bei denen, die politische Entscheidungen fällen und – was für mich im Augenblick wichtiger ist – bewirken sie eine Veränderung meines Lebensstiles und meines Lebensgefühls und das nicht nur bei mir, vielleicht auch bei Ihnen?
Ich stelle diese Frage bewusst auch hier im Gottesdienst, weil ich meine, hier sei der Ort, wo wir auch einmal unsere Mutlosigkeit und Angst eingestehen können; und auch die Sorge zahlloser Bürger von hier, die Angst haben, vor dem, was konkret hier geplant wird, vor den drei Jahren der Ungewissheit und Existenzangst, und vor den vielen Menschen morgen und übermorgen und bei der nächsten Demonstration. Das ist so vielschichtig, so bestürzend alles, dass ich manchmal glaube, es gibt für uns keine Möglichkeit, damit fertig zu werden.
Die Profeten sind der Ansicht, dass nur ein neuer Mensch, ein neu sich seiner Verantwortung bewusst werdender Mensch mit den Schwierigkeiten fertig werden kann. Ein neuer Mensch? Ich denke an die Bibel. Paulus hatte die Vorstellung, Jesus sei der neue Mensch. Und Lukas erzählt, Jesus weiß genau, was ihn in Jerusalem erwartet. Er weiß, dass er gewaltsam sterben muss, und nicht etwa, weil er ein Profet ist, sondern weil er die Ruhe stört. Er weiß dies – und trotzdem setzt er seinen Weg fort. Er geht nach Jerusalem, und wo immer er ihnen begegnet, heute und morgen, treibt er die Teufel aus. Jesus schätzt die Situation klar ein, er beklagt auch das Schicksal dieser Stadt und er leidet mit an diesem Schicksal.
Aber offenbar passiert eines nicht: das alles macht ihn nicht mutlos, er sagt nicht, ich kann doch nichts machen. Nein, er geht unbeirrbar seinen Weg und er treibt die Teufel aus, da, wo er sie findet, heute und morgen. Er hilft, er heilt, er tröstet. Das alles bleibt im Rahmen des Möglichen, da verändert sich nichts schlagartig. Aber es werden Signale gesetzt. Signale des Neuen, und zwar immer an der Stelle, wo es nötig ist.

Und dann in Jerusalem passiert etwas, was wir mitbedenken sollten; nach dem furchtbaren Ende von Jesus am Kreuz, nach dem Tod, den er damals schon klar vor sich gesehen hat, nach der Zuspitzung der Krise, in der sich zunächst überhaupt kein Ausweg abzeichnet, beginnen die Leute, die Jesus gesammelt hatte, ganz überraschenderweise wieder Schritt zu fassen. Sie setzen den Weg, den Jesus begonnen hat, fort. Sie machen sich auf den Weg und tun genau das, was Jesus getan hat, so erzählt es Lukas. Sie treiben die Teufel aus, sie helfen den Menschen, sie weisen auf Jesus hin, heute und morgen, da wo es sein muss. Dieses Mut-Bekommen für den Weg Jesu, war wie ein Wunder, diese Ermutigung war ein Geschenk. So haben sie es damals erlebt. Der Funke ist übergesprungen, plötzlich und unerwartet. Das Neue war mit dem Tod Jesu geboren; es gibt so etwas, wie den neuen Menschen. Wenn wir diesen neuen Menschen erleben, dann ist das wie ein Wunder. Das können wir nicht machen, aber damit sollten wir doch rechnen.

Ist das nicht auch ein Wunder, dass Gelehrte unserer Zeit einmal aus dem Turm ihrer Gelehrsamkeit hinauszutreten und Profeten werden? Profeten, die sich auch etwas einfallen lassen, auf die Zukunft der Welt hinzuweisen, auf die Gefahren, die wir selbst produziert haben, und dies nicht aus Sensationslust, sondern weil sie meinen, wir Menschen müssten etwas dagegen tun, dass unsere Welt unter den Füßen des Fortschritts zertreten wird.

Wie wäre es, wenn wir in dem Bemühen freier Bürger ihre Umwelt kritisch zu beobachten und Alternativen des Lebensstils zu überlegen, wenn wir auch das als hoffnungsvolles Zeichen sehen lernten? Wenn wir nicht nur uns selbst unsere Probleme eingestehen, sondern auch anderen gestatten aus Sorge um die Zukunft unserer Welt aktiv zu werden, auch wenn sie uns vielleicht äußerlich nicht gefallen? Wenn uns das gelänge, wäre das nicht ein kleines Wunder?

Wir hoffen für morgen nichts sehnlicher und beten darum, dass diese Demonstration friedlich vorstatten gehen möge. Wäre das nicht bereits ein Beitrag zum Guten?

Wie wäre es, wenn wir unser Leben einstellten auf Verzicht von Steigerung unserer materiellen Werte, und nicht mehr Leistung und Wachstum zum Mammon machten? Freilich, diese Forderung ist ein Schlag ins Gesicht für jeden Bürger auf der Straße, der immer sicherer, besser und bequemer leben will und dementsprechend an der Wahlurne seine Stimme abgibt, der von seiner Regierung nichts anderes erwartet, als dass sie ihm diese Zielvorstellung erfüllt.

Wir sollten in Verantwortung für unsere Welt und damit auch für die kommenden Generationen mutig vorangehen mit der Realisierung dieser Forderung in unserem eigenen persönlichen Leben.

Sollte nicht an einer Demonstration gegen die Errichtung eines Kernkraftwerkes oder einer Wiederaufarbeitungsanlage sich nur der beteiligen, der seine ganze Lebensführung persönlich auf eine entschlossene Reduktion des Energieverbrauchs einstellt? Zur Freiheit eines Christen gehört es, aus der Kraft des Glaubens anders zu leben als andere. Darum sollten wir vorbildlich praktizieren, dass wir als Glieder einer reichen Industrienation einfacher leben, damit die Armen und die Enkel einfach leben können. Wir müssten in Erinnerung an Gottes Gebote und Verheißungen wagen, uns selbst verändern zu lassen, weil Gott sich auf uns einlässt und uns für die Bewahrung seiner guten Schöpfung in Anspruch nimmt.

Amen

Mein Traum vom Regenbogen[27]

Am 22. Februar 1977 begann für uns im Landkreis *Lüchow-Dannenberg* ein neues Leben. An diesem Tag erfuhren wir aus den Nachrichtensendungen, dass die niedersächsische Landesregierung *Gorleben* als den *vorläufigen Standort für ein »integriertes Entsorgungszentrum«* ausgewählt hatte.

Ich erinnere mich, dass ich am Abend dieses Tages im kleinen Nachbarart *Nienwalde* Bibelstunde hatte. Mir steht vor Augen, wie entsetzt die alten Frauen über diese Nachricht waren. Wir konnten diese Entscheidung nicht fassen, wir waren weder emotional noch sachlich darauf vorbereitet. Wir waren uns einig, dass jedes andere Gebiet besser für eine Atommüllfabrik geeignet war als unser schöner Landkreis. (Am 23.2.1977 bin ich dem Samtgmeindedirektor Hans Borchardt auf der Straße in Gartow begegnet und auch er war, wie ich der Meinung, so etwas darf hier nicht herkommen!)

Ich kann mich nicht erinnern, in den ersten 14 Tagen im Landkreis eine andere als diese Reaktion wahrgenommen zu haben. Als dann die Bürgerinitiativen für den 12. März 1977 zu einer Großdemonstration in unserem Raum aufgerufen hatten, mischte sich bei manchen die Angst vor den atomaren Anlagen mit der Angst vor den erwarteten Demonstranten, man erinnerte sich an die *Brokdorfer* und *Grohnder* Ereignisse. (Wyhl 1973 !)

Einige Kollegen, Kirchenvorsteher und Gemeindeglieder fanden sich zusammen, um eine gottesdienstliche Veranstaltung im Zusammenhang mit der Demonstration vorzubereiten.

Das Thema des Gottesdienstes würde ich heute unter den Stichworten *»christliche Parteinahme für die Schöpfung, verantwortetes Leben angesichts der Grenzen des Wachstums«* zusammenfassen. (Bereits in diesem Gottesdienst ging es nicht mehr um unsere schöne Gegend)! ...

Die Gorleben-Demonstration am 12.3.77 war der Beginn einer neuen Phase des Widerstandes gegen die Nutzung der Atomenergie. Es kam bei dieser

[27] Franziskus in Gorleben, Protest für die Schöpfung, Hans Eckhard Bahr, Heike und Gottfried Mahlke, Dorothee Sölle, Fulbert Steffensky 1981 fischer alternativ S. 17 ff.

Demonstration auf der Waldbrandfläche zwischen *Trebel* und *Gartow* nicht zu den gefürchteten Ausschreitungen; im Gegenteil fand der Widerstand u. a. kreative Ausdrucksmöglichkeiten in dem spontanen Bauen eines phantasievollen Abenteuerspielplatzes und dem Beginn der Aktion *»Wiederaufforstung statt Wiederaufbereitung«* . Landwirte aus dem Hamburger Umland hatten 10000 Bäumchen gestiftet, die dort an der Stelle des Waldbrandes und anstelle der Atomanlagen gepflanzt wurden.

Am 25.3.78 erhielt die Kirchengemeinde Gartow ein Kaufangebot der *DWK* (Deutsche Gesellschaft zur Wiederaufarbeitung abgebrannter Kernbrennstoffe m. b. H.) wie alle 65 an dem 12 Quadratkilometer großen »vorläufigen« Standortgelände beteiligten Grundbesitzer. Für die Grundstücksbesitzer kam zu diesem Zeitpunkt das Angebot völlig unerwartet, da die Landesregierung die »Vorläufigkeit« der Standortbenennung betont und wiederholt erklärt hatte, dass vor der endgültigen Entscheidung nichts in Gorleben geschehen könnte. Der Kern des von der DWK zunächst auf 40 Tage befristeten Angebotes war ein differenzierter Kaufpreis von 4,10 DM/qm für Grund und Boden. Darin wurde der durchschnittliche Verkehrswert mit -,45 DM/qm angegeben. Darüber hinaus war die DWK bereit, einen Standortzuschlag von -,65 *DM!* qm sowie einen Interessenzuschlag von 3,- DM/qm zu zahlen, *»um in kurzer Zeit Eigentümer und Besitzer werden zu können«*. Die Tatsache, dass die Kirchengemeinde Gartow Besitzer eines Grundstückes ist, das zufällig in dem Standortgelände liegt, forderte auch von dem Kirchenvorstand eine eindeutige Entscheidung. Auf einmal war es nicht mehr möglich, *»neutral«* zu verantwortlichem Handeln aufzurufen, sondern wir mussten als Kirchenvorstand selbst verantwortlich handeln, selbst Farbe bekennen. Wir nahmen das überhöhte Angebot nicht an - und wurden auf diese Weise parteilich.
Beschluss des Kirchenvorstandes Gartow vom 29. 3. 78: *»Der Kirchenvorstand erklärt, dass er nicht bereit ist, durch den freiwilligen Verkauf eines kircheneigenen Geländes zum Bau der Wiederaufarbeitungsanlage beizutragen.«*

Als persönliche Stellungnahme habe ich damals in diesem Zusammenhang erklärt: „Ich bin als Christ der Überzeugung, dass Gott uns die Herrschaft über die Erde und die Natur verliehen hat, um sie zu bewahren, und uns Verantwortung für das Wohl unserer Mitmenschen übertragen hat auch in bezug auf kommende Generationen. Ich sehe in dem Bau der Wiederaufbereitungsanlage und des Endlagers, von dem die gesamte Atomenergieplanung und der weitere Ausbau der Atomenergie abhängig sind, eine folgenschwere Entwicklung, die die uns verliehene Herrschaft und Verantwortung missbraucht.

1. Wir können uns heute nicht mehr der Erkenntnis verschließen, dass durch die Ausbeutung der natürlichen Ressourcen die **Grenzen des Wachstums** absehbar sind. Durch den Ausbau der Atomwirtschaft werden diese Grenzen nicht ernst genommen.

2. Die bisherigen **Erfahrungen mit Wiederaufarbeitungsanlagen** in anderen Ländern haben gezeigt, dass der großtechnische Betrieb Probleme mit sich bringt, die bisher nicht befriedigend lösbar erscheinen. Es sind u. a.:

2.1. **Betriebssicherheit** - menschliches und technisches Versagen (Materialschäden, Konstruktionsfehler, Zuverlässigkeit und Gewissenhaftigkeit des Personals, Unfälle, Störfälle).

2.2. Möglichkeiten eines **bewussten Missbrauchs** des hier entstehenden Bedrohungspotentials für gewaltsame Zwecke: Sabotage, Terrorismus, politische Erpressung, Bürgerkrieg, Krieg.

2.3. Probleme der stetigen **radioaktiven Kontaminationen** (Abluft, Abwasser).

2.4. Die nur kurzfristigen Erfahrungen mit der **Lagerung** von schwach- und mittelaktivem Atommüll, die nicht vorhandenen Erfahrungen mit der **Endlagerung** von hochradioaktivem Atommüll und seine langfristige Abschließung von der Umwelt (u. a. Naturkatastrophen, Revolutionen).

3. Die aufgezeigten Fragen betreffen zunächst weitgehend das einzelne Atomkraftwerk, bzw. die Wiederaufbereitungsanlage. Auf eine ganz andere Risikostufe werden wir versetzt, wenn die vorliegenden Planungen verwirklicht sein werden (deswegen müssen die Sicherheitsprobleme, die dann erst auftreten werden,

schon jetzt bei der Urteilsbildung berücksichtigt werden).

Bei der geplanten Größe der Wiederaufbereitungsanlage und dem daraus resultierenden Ausbau bis zu 50 Atomkraftwerken steigt das Gefährdungspotential ins unermessliche. Die jährliche Produktion von Plutonium wird 14 Tonnen betragen, einem radioaktivem Stoff, dessen hohe Gefährlichkeit inzwischen allgemein bekannt ist. Dadurch wird schließlich auch der Weg in die Plutoniumwirtschaft der umstrittenen Schnellen Brutreaktoren geebnet.

Im Hinblick auf diese ungelösten Fragen bin ich der Überzeugung, dass ich als Christ zu diesem Projekt Nein sagen muss.«

Unter denen, die sich 1978 weigerten, ihr Land zu verkaufen, waren u.a. *Graf Bernstorff* aus Gartow, der mehr als 50 % der Gesamtfläche besitzt, und die Kapellengemeinde Gorleben.

„Das Dorf konntet ihr zerstören, aber nicht die Kraft, die es erschuf" [28]

1. Juli 1980: Die vergangenen Wochen sind für mich eine Zeit harter Auseinandersetzungen, aber auch starker Erlebnisse gewesen. Ich möchte davon erzählen. Am 3. Mai ist von Atomkraftgegnern aus der gesamten Bundesrepublik die geplante Bohrstelle 1004 besetzt und die »Freie Republik Wendland« ausgerufen worden.

Die Idee der »Freien Republik Wendland« ist zum ersten Mal beim Gorleben-Treck nach Hannover vor einem Jahr aufgetaucht. Viele Menschen begannen damals in spielerischer Freude auszufantasieren, wie das Leben in einem Land aussehen könnte ohne drohenden Atomstaat, ohne gesellschaftliche Zwänge, ohne Leistungsdruck. Als die »Freie Republik Wendland« stand, blieb sie ein Fantasiegebilde, Ausdruck schöpferischer Freude, und es ist für mich absurd, dass sie von einem führenden Kirchenmann mit der Bezeichnung „Hochverrat" belegt wurde.

[28] Franziskus in Gorleben, Protest für die Schöpfung, Hans Eckhard Bahr, Heike und Gottfried Mahlke, Dorothee Sölle, Fulbert Steffensky 1981 fischer alternativ S. 91-99

Ich bin mit meiner Frau oft in der »Freien Republik Wendland« gewesen, vor allem in der letzten Zeit. Oft begleiteten uns unsere drei Kinder. Am Eingang des Dorfes haben wir den »Wendenpass« erstanden, einen Pass, der dem üblichen Reisepass nachgebildet ist, der uns zu »Wenden« erklärt, auch wenn wir dort nicht unseren ersten Wohnsitz hatten. Der Inhaber erklärt, „dass ein Staat, der die Unversehrtheit seiner Menschen an Körper, Geist und Seele nicht gewährleistet, der die natürliche Ausgewogenheit zwischen Menschen, Pflanzen, Tieren und Mineralien nicht erhalten kann, der die Ausbeutung Aller zu Gunsten von letztlich Niemand betreibt, der an dem tödlichen Missverständnis festhält, das innere und äußere Sicherheit durch Waffen und Uniformen hergestellt werden kann, dass ein solcher Staat nicht länger der seine ist." Der Pass ist gültig, „solange sein Inhaber noch lachen kann".

Ich hoffe, dass das noch lange Zeit möglich sein wird, denn aus der »Freien Republik Wendland« ist inzwischen eine Bewegung geworden, die lebensbejahend und kreativ ist. Wir haben dort einen Quadratmeter der Republik gekauft und dafür eine Urkunde erhalten. Wir haben uns damit verpflichtet „zur Verteidigung des wendischen Geistes" und „dem wendischen Notschrei in aller Welt Gehör zu verschaffen". Der Landverkauf ist nicht nur ein fantasievoller Akt, sondern auch verbunden mit einer konkreten Hilfsaktion, der Erlös kommt den Bauern zugute, die in den Prozessen wegen ihrer Beteiligung am Widerstand im Landkreis zu Geldstrafen verurteilt worden sind.

Bei jedem Besuch waren wir beeindruckt von den Hütten, die entstanden. Jede hatte ein anderes Gesicht, die eine war ein Meter tief in der Erde gebaut, die andere hatte eine Wand aus Altglasflaschen, jeder merkten wir die Schaffensfreude an, mit der sie erbaut war.

Auf dem Dorfplatz haben wir manchmal etwas von dem „Kulturprogramm" miterlebt, dass einige organisiert hatten: ein Clown, ein Töpfer, eine Puppenmacherin, Musikgruppen. Wolf Biermann sang einmal vor einem großen Zuhörerkreis. Abends haben wir oft an den Plenumsdiskussionen im Freundschaftshaus teilgenommen, in denen es vor allem immer wieder um die Frage ging: Auf welches

Widerstandskonzept können wir uns einigen? Wie werden wir uns bei der Räumung verhalten? Montags fanden immer die Landkreis-Abende statt, an denen das Widerstandskonzept mit Leuten aus dem Landkreis diskutiert wurde. Den Platzbesetzern war sehr wichtig, dass sie von vielen Gruppen im Landkreis unterstützt wurden. Sie wollten durch ihre Aktionen die Landkreis-Bevölkerung nicht vor den Kopf stoßen, sondern ermutigen, sich den Widerstand gegen die atomare Industrialisierung des Landkreises und der Bundesrepublik anzuschließen. Um dieser Zielsetzung willen waren viele Platzbesetzer bereit, entgegen ihrer eigenen Auffassung, sich dem gewaltfreien Konzept anzuschließen.

Auch wenn wir keinen Platzbesetzer waren, haben Heike und ich uns stark verbunden gefühlt mit den Menschen auf dem Platz und diese Zielsetzungen geteilt. Von daher war ich bereit, im Pfingstgottesdienst auf dem Platz mitzuwirken. Die Fragen der Leute auf dem Platz nach unserer Verantwortung gegenüber der Belastbarkeit, Gefährdung und Ausbeutung der Umwelt sind auch meine Fragen. In unserer kirchlichen Sprache reden wir von unserer Verantwortung gegenüber der Schöpfung Gottes. Können wir heute noch den 1. Artikel unseres Glaubensbekenntnisses nachsprechen, wenn wir dazu beitragen bzw. zulassen, dass Gottes Schöpfung immer mehr zerstört wird?

Die neue Möglichkeit des Zusammenlebens, die hier so fantasievoll und kreativ versucht wurde, war für mich eine Artikulation dessen, was wir Glauben und Hoffen nennen. Mit einer Mischung aus Skepsis und Sehnsucht habe ich viele Gespräche und Diskussionen erlebt. Wenn bei den Nachtdiskussionen im Freundschaftshaus jemand seine kontroverse Meinung sagte, wurde er nicht mundtot gemacht, ausgepfiffen, vielmehr wurde ihm geantwortet. Die anderen sagten ihre Auffassung und machten ihm deutlich, welche Konsequenzen seine Haltung für die Gesamtheit haben würde. Sie beließ ihm aber seine Verantwortung, für sich selbst zu entscheiden. Mich hat das sehr beeindruckt. Ich war mir nicht sicher: können wir Menschen wirklich auf längere Sicht so miteinander umgehen? Ist das, was wir auf dem Platz erleben, eine Illusion, oder können wir lernen, es in der Zukunft in unserem Alltag zu verwirklichen? Ich merke, dass diese Erfahrung mein Verhalten anderen Menschen gegenüber verändert hat. Es fällt mir heute schwerer, einen anderen zu „überreden", auch wenn ich von meiner Meinung überzeugt bin.

Angesichts dieser befreienden Erfahrung war die »*Maßnahme zur Untersagung dienstlicher Tätigkeit auf dem Bohrplatz*« durch den Landessuperintendenten für mich schockierend. Natürlich weiß ich, dass die Platzbesetzung illegal war. Und ich wusste auch, dass CDU-Politiker protestiert hatten, als der Kollege Ritter am 11. Mai dort einen Gottesdienst gehalten hatte. Auf der anderen Seite sah ich die Notwendigkeit, die Freunde auf dem Platz vom Evangelium hier zu ermutigen, für Frieden und Gewaltlosigkeit einzutreten. Die Studenten, die den Gottesdienst vorbereitet hatten, wollten in ihrem Part überlegen: was können wir von unseren Erfahrungen auf dem Platz bewahren für unseren Alltag angesichts der bevorstehenden Zerstörung von allem, was wir hier aufgebaut haben. Wir wollten im Gottesdienst die Gefühle all derer ernst nehmen, deren Häuser in Kürze zerstört würden, andererseits wollten wir darüber nachdenken, was an ermutigenden Erfahrungen uns bereichern kann. Ich selber wollte u.a. von meinen Erlebnissen bei der Fastenaktion im letzten Winter berichten. Damals hatten uns die Erzählungen der Freunde ermutigt, die von Jesus, Franz von Assisi und Martin Luther King sprachen als von Menschen, die vor uns im Widerstand waren gegen menschenfeindliche Verhältnisse. Wir wussten auf einmal, wir brauchen nicht alles zu schaffen, es gab vor uns Menschen, die unsere Träume geträumt haben, und wir können an ihren Träumen unsere Hoffnungen schärfen. Die zahlreichen Briefe und Telegramme, die wir damals erhalten hatten, haben uns darüber hinaus deutlich gemacht, es gibt auch neben uns viele Christen, die unsere Sorgen und Ängste teilen und mit uns „widerstehen".

All das, was mich in jenen Tagen bewegte, was mich mit den Menschen auf dem Platz verbunden hat – auch in meiner Funktion als Pfarrer –, hat die Kirchenleitung nicht gehört. Sie sah nur »*Gefahr im Verzug*«, verbot das Predigen und sagte, dies geschähe aus »*Fürsorge*«.

Pfingsten 1980 habe ich mich dem Predigtverbot gebeugt. Heute belastet mich das. Hab ich der Kirchenleitung mehr gehorcht als meinem eigenen Gefühl? Für mich war in der Situation der Druck so groß und so lähmend, dass ich dankbar war, als ganz spontan Heike, Elke und Christa stellvertretend für mich predigen wollten. Ich hab am Sonntag den Gottesdienst miterlebt. Ich kann kam mir vor wie entmündigt. Als Heike bekanntgab, dass mir der Landessuperintendent die dienstliche Tätigkeit für den Bereich der Bohrstelle 1004 untersagt hatte, waren die Menschen enttäuscht, erschreckt, fassungslos. Mir ist aufgrund dieser spontanen Reaktion deutlich geworden, wie stark die Hoffnung der Menschen von 1004 an die Kirche waren und wie sehr sie sich im Stich gelassen gefühlt haben. Wird nicht gerade auf dem besetzten Platz Kirche verwirklicht: an einem Ort, wo Ängste und Sorgen artikuliert, wo Hoffnungen und Träume erzählt und erlebt werden, wo Verantwortung angenommen wird?

(...Die Freie Republik Wendland wurde am 4. Juni 1980 durch den größten Polizeieinsatz in der Geschichte der Bundesrepublik zerstört...)

Es war für alle, die auf der Seite der »Freien Republik Wendland« standen, ganz wichtig zu wissen, dass durch die Aktion der Polizei zwar das Dorf 1004 zerstört wurde, nicht jedoch der Mut, die Fantasie und die Kreativität, die es erschaffen hatten. Der 4. Juni hat vielmehr deutlich gemacht, wie berechtigt der Widerstand gegen die angeblich *»friedliche«* Nutzung der Atomenergie ist, denn hier hat sich der Atomstaat in seinem Gebaren zu erkennen gegeben. Für mich stellt sich jetzt noch brennender die Frage, wie wir uns als Kirche zur ökologischen Problematik und zur angeblich »friedlichen« Nutzung der Atomenergie stellen. Ich bin der Meinung, dass wir auch als Institution Kirche längst den Punkt erreicht haben, wo wir nicht mehr neutral bleiben dürfen, wo wir nicht mehr die Gefahren verschweigen dürfen, die durch die Nutzung der Atomenergie und durch die grenzenlose Ausbeutung der Erde und durch die sinnlose Verschwendung der Rohstoffe auf uns und unsere Kinder und Enkel zu kommen. Landesbischof Lohse hat zwar in der Ev. Zeitung vom 15.6.1980 gesagt: „Wer in dem Streit um die Nutzung der Atomenergie recht hat, technisch und ökologisch und politisch, das kann die Kirche nicht entscheiden wollen." Ich meine dagegen, wenn menschliches Leben und die Schöpfung in starkem Maße beschädigt werden, dann ist das ein Problem, dass die Kirche betrifft. Wenn mich später meine Kinder und Enkel fragen werden, dann werde ich nicht sagen können, ich hätte nichts gewusst. Sie werden mir nachweisen, dass ich mich nach den Ereignissen von Harrisburg in jedem Buchladen über die Gefahren ausdrücklich informieren konnte.

Um festzustellen, ob unser heutiger Umgang mit der Natur eine unverantwortliche Gefährdung heutiger und künftiger Generationen darstellt, müssen wir uns allerdings als Kirche intensiver um die Sachfragen kümmern.

Der Zwischenbericht der Enquetekommission des Deutschen Bundestages »Zukünftige Kernenergiepolitik« liegt inzwischen vor. Dieser Bericht macht deutlich, dass es mehrere Möglichkeiten – u.a. auch unter Verzicht auf Atomenergie und sogar auf Öl – gibt, die Energieversorgung der nächsten 50 Jahre sicherzustellen. Für welche Möglichkeit sich die Bundesrepublik Deutschland entscheidet, bleibt offen; die Entscheidung ist erst in etwa zehn Jahren zu treffen. M.E. wäre es jetzt die Aufgabe der Kirche, in der Frage der Nutzung der Atomenergie dafür zu sorgen, dass in der Gesellschaft diese gegenwärtig noch offene Situation genutzt wird, um einen Meinungsbildungsprozess zu ermöglichen und dass in die Diskussion theologische und ethische Argumentationen eingebracht werden.

Das Predigtverbot

Aus dem Schreiben des Landessuperintendenten Tilemann vom 24.5.1980:

»Betr: Ihre dienstliche Tätigkeit im Bereich der Bohrstelle 1004

Sehr geehrter, lieber Bruder Mahlke!

Nachdem Sie noch einmal Superintendent Wallmann gegenüber erklärt haben, dass Sie beabsichtigen am morgigen Pfingstfest auf dem vorgesehenen Baugelände 1004 einen Gottesdienst zu halten oder an einem Gottesdienst mitzuwirken, sehe ich mich genötigt, Ihnen im Hinblick auf den mit der Bruchstelle 1004 bezeichneten Bereich die Ausübung dienstlicher Tätigkeit zu untersagen. Ich berufe mich dabei auf den § 57 des Pfarrergesetzes in Verbindung mit § 16,2 des Ergänzungsgesetzes, der da lautet: bei Gefahr im Verzug kann der Landessuperintendent dem Pfarrer die Dienstausübung unter gleichzeitigem Bericht an das Landeskirchenamt vorläufig untersagen.

Nach der heute veröffentlichten Erklärung des Innenministers und der Aufforderung des Regierungspräsidenten zur Räumung des Platzes, halte ich die Situation für gegeben und komme mit dieser Untersagung meiner Fürsorgepflicht nach...

gez. Tilmann«

Ein persönlicher Rückblick[29]

Wenn ich im Jahre 2011 an das sog. Predigtverbot aus dem Jahre 1980 zurückdenke, dann kommt es mir vor wie eine Episode aus einer vergangenen Welt. Ich erinnere mich an die *Freie Republik Wendland*, wir hatten einen Quadratmeter der Republik gekauft und dafür eine Urkunde erhalten, wir hatten uns verpflichtet zur „Verteidigung des wendischen Geistes“ und „dem wendischen Notschrei in aller Welt Gehör zu verschaffen“. Bei jedem Besuch dort waren wir beeindruckt von den Hütten, die entstanden. Jede hatte ein anderes Gesicht, die eine war einen Meter tief

[29] Statement für eine Veranstaltung in der Friedenskirche Küsten

in die Erde gebaut, die andere hatte eine Wand aus Altglasflaschen, jeder merkten wir die Schaffensfreude an, mit der sie erbaut war.
Göttinger Theologiestudierende hatten dort eine Holzkirche gebaut, in der regelmäßig Gottesdienste gefeiert wurden. Als ich gebeten wurde zu Pfingsten einen Gottesdienst zu halten, habe ich sofort zugesagt. Die Fragen der Leute auf dem Platz nach unserer Verantwortung gegenüber der Belastbarkeit, Gefährdung und Ausbeutung der Umwelt sind auch meine Fragen. Die neue Möglichkeit des Zusammenlebens, die hier so phantasievoll und kreativ versucht wurde, war für mich eine Artikulation dessen, was wir Glauben und Hoffen nennen.
Nun veröffentlichte die EJZ am Freitag vor Pfingsten eine amtliche Erklärung des Regierungspräsidenten aus Lüneburg, dass der Bau des Hüttendorfes illegal sei, weil dafür u.a. keine Baugenehmigungen beantragt worden seien. Angesichts dieser „neuen Rechtslage" sah sich der damalige Landessuperintendent von Lüneburg in Absprache mit dem Landeskirchenamt verpflichtet, mir die „dienstliche Tätigkeit auf dem Bohrplatz aus Fürsorge" zu untersagen. Anstelle von mir predigten dann zu Pfingsten drei Pastorinnen und veröffentlichten das „Predigtverbot".
Heute verstehe ich dieses Predigtverbot als Ausdruck der Angst der maßgeblichen Theologen, in einer öffentlichen Frage eine klare Position zu beziehen. Sich aus weltlichen Dingen möglichst heraushalten, das war eine gängige Praxis der Kirche: vor allem in der Nazizeit und dem Holocaust, aber dann auch bei der Wiederbewaffnung, den Rüstungsexporten etc. Dagegen habe ich versucht immer wieder deutlich zu machen, dass wir als Kirche keine Techniken bejahen können, von denen nach intensiver und umfassender Prüfung zu sagen ist, dass ihre Anwendung durch das Versagen Einzelner, Gruppen oder Völker weltweite Katastrophen schöpfungsbedrohenden Ausmaßes ausgelöst werden können. Mein Motiv war theologisch und seelsorglich zu argumentieren, mein Anliegen war nicht so zu tun, als sei ich Politiker oder Physiker.
Durch den massiven Widerstand hatte sich die niedersächsische Landesregierung entschlossen, auf den Bau einer Wiederaufbereitungsanlage WAA in Gorleben und im Landkreis Lüchow-Dannenberg zu verzichten. Als Ministerpräsident Albrecht

aber ein Jahr später den Ort Dragahn[30] im Landkreis Lüchow-Dannenberg als neuen Standort für eine WAA benannte, begann m.E. in der hiesigen Pastorenschaft das Umdenken. Albrechts Wortbruch war so offensichtlich, dass alle Pastoren des Kirchenkreises Dannenberg eine öffentliche Erklärung verfassten..

Seit den 1990er Jahren beschäftigen sich viele Kirchengemeinden, die hannoversche Landessynode und die EKD-Synode mit den Fragen der Atomenergie. Klare wegweisende Positionen wurden gefunden. Ich freue mich natürlich, wenn zB der jetzt gerade in den Ruhestand gegangene Landessuperintendent von Lüneburg, Hans-Hermann Jantzen, öffentlich sich als Protestant unter die Protestierenden mischt und den politisch Verantwortlichen ins Gewissen redet, oder wenn kirchenleitende Menschen, wie der Vizepräsident des Landeskirchenamtes oder der Ratsvorsitzende der EKD öffentlich deutlich machen, dass bei der Nutzung der Atomenergie Christinnen und Christen gefordert sind, ein deutliches Nein zu sagen.

Ergänzungen:

Arndt de Vries, Vizepräsident des Landesskirchenamtes, sagte bei der Verabschiedung von Gottfried Mahlke in den Ruhestand am 18.5.2010 u.a.:

„Sie waren einer der Ersten, die verstanden haben, was diese Entscheidung in ihrer Tragweite für die Region bedeuten würden, einer der ersten, der – sicher auch voller Protest und Zorn – theologisch verantwortet diese politische Entscheidung in Zusammenhang brachten mit unserer Verantwortung für die Bewahrung der Schöpfung. Und Sie beschränkten sich nicht darauf, dass innerhalb der Kirchenmauern zu artikulieren, sondern waren einer der Ersten, die sich als Protestanten unter die Protestierenden mischten. Ja, Sie wollten als Pastor öffentlich deutlich machen, dass hier Christinnen und Christen gefordert sind, ein deutliches Wort zu sagen.

So kam es, wie es damals wohl kommen musste: der damalige Lüneburger Landessuperintendent erteilte Ihnen ein „Predigtverbot“ am Bohrloch, sicherlich

[30] Ministerpräsident Ernst Albrecht hatte im Mai 1981 u.a. gegenüber dem SG-Bürgermeister Rathje schriftlich erklärt, „dass die Landesregierung einem etwaigen Antrag auf Errichtung einer WAA im Landkreis Lüchow-Dannenberg auf keinen Fall zustimmen wird,“ und ein Jahr später Dragahn als neuen Standort benannt

nicht ohne dass er sich mit der Kirchenleitung abgestimmt hatte. Sie selbst hatten damals das Gefühl, ein „einsamer Kämpfer" zu sein, haben auch nicht viel Solidarität unter den Amtsbrüdern gespürt. Ihre Frau war es, die Ihnen in dieser Zeit viel Halt gegeben hat, Halt, um an Ihrer Überzeugung festzuhalten.
Später... haben Sie diese Solidarität gespürt unter den Christenmenschen im Wendland und auch unter den Kolleginnen und Kollegen. Die in Hannover – so haben Sie es beschrieben – von denen haben Sie weiter „Prügel bezogen".
Wenn Sie heute sehen, wie geschwisterlich im Wendland Christinnen und Christen, Ehren- und Hauptamtliche im Widerstand gegen das Endlager sind, wenn Sie lesen, was die Landesssynode zur Frage der Standortsuche beschließt, wenn Sie auch wahrnehmen, wie kirchenleitende Personen sich positionieren, dann mag das ein wenig Genugtuung sein für Sie."

Landesbischof Ralf Meister in einer Predigt zu 25 Jahre Gorlebener Gebet: [31]
„... Es soll nicht verschwiegen werden, dass dieser Ort der Spiritualität auch mit Argwohn von der Kirche betrachtet wurde. Gerade in den ersten Jahren gab es viel Skepsis. Auch die hannoversche Landeskirche musste lernen, dass Menschen sich durch Hoffnung und Geist auch dort bewegen ließen, wo Kirchenordnungen, bischöfliche Statements oder theologisch tradierte Auslegungsversuche diese Bewegung eher verhindert hätten. Ich erinnere für unsere Kirche kritisch daran, dass es 1980 zu Pfingsten war, als Pastor Gottfried Mahlke in Gartow die Predigt am Bohrloch 1004 in der Kirchengemeinde Trebel vom Landessuperintendenten untersagt wurde. Die Erinnerung an mutige Zeugen, wie Pastor Mahlke, seine Ehefrau Heike Mahlke und viele, viele andere gehören auch in die Erinnerung an die Geschichte unserer Kirche. Dort hat die Kirche Schuld auf sich geladen. Für diesen Lernprozess, den die Landeskirche im Wendland durchlaufen musste, danke ich Ihnen. Ich danke Ihnen als mutigen und wachen Mitgliedern unserer Kirche. Ich danke Ihnen als aufrechten Zeugen für eine bedrohte Welt. So wirkt das GORLEBENER GEBET in unsere Kirche..."

[31] am 29. Juni 2014

Betrifft: Salzabbaugerechtigkeiten – die Kirchengemeinden um Gorleben in der Entscheidung [32]

Die Kirchenvorstände Gartow und Trebel und die Kapellenvorstände Meetschow und Gorleben müssen entscheiden, ob sie der Bundesrepublik Deutschland ein Nutzungsrecht zur Erkundung der unter ihrem Grundbesitz befindlichen Teile des Salzstockes Gorleben einräumen oder nicht. Diese Frage kann von uns als Kirche m.E. nicht allein und nicht in erster Linie von der Höhe der Entschädigung und der juristischen Vertragsformulierung her beantwortet werden. Ich will versuchen, den gesellschaftlichen und theologischen Gesamtzusammenhang, die Vielschichtigkeit der Problematik und den Handlungsspielraum aufzuzeigen, der bei einer solchen Entscheidung mitbedacht werden muss. Dabei ist der Blick in die Vergangenheit nötig, um unsere Situation im Jahre 1987 zu verstehen, und der Blick in die Zukunft muss gewagt werden, um die Folgen unseres heutigen Handelns zu bedenken.

These 1: *Die Entdeckung der Uranspaltung durch Otto Hahn Ende 1938 hat sowohl die Atombombe als auch die »friedlich« genannte Nutzung der Atomenergie möglich gemacht.*

Ich zitiere Carl Friedrich von Weizsäcker, - Mitarbeiter von Otto Hahn und Werner Heisenberg, - einer der bedeutensten deutschen und internationalen Atomphysiker, Philosoph, Friedensforscher - „wahrscheinlich war es die schrecklichste Stunde im Leben von Otto Hahn, als er ... die Nachricht von der Bombe auf Hiroshima erhielt. ... Für Hahn war es später immerhin ein Trost, dass die Uranspaltung das Energieproblem der Menschheit zu lösen versprach: eine praktisch unerschöpfliche und, im Unterschied zu fossilen Brennstoffen, völlig umweltfreundliche Energiequelle. Ich glaube, wir Atomphysiker haben anfangs alle so gedacht. Meinen

[32] Vortrag vor den Kirchenvorständen rund um Gorleben 18. März 1987
Zur Erläuterung: Nach dem alten preußischen Bergrecht gehörte dem Grundbesitzer alles Darunterliegende bis zum Erdmittelpunkt. Bei der Einführung des neuen Bergrechts konnten Grundbesitzer ihre Rechte an dem darunter liegenden Salz in einem gesonderten Grundbuch abschreiben lassen. 1987 hatten die Kirchenvorstände zu entscheiden, ob sie ihre Salzrechte (sog. Salzabbaugerechtigkeiten) verkaufen sollten, damit dort Erkundungen für das Endlager durchgeführt werden konnten.

eigenen späteren Einsatz in der Energiepolitik könnte ich ohne diesen Ausgangspunkt nicht verständlich machen."[33]

Als ein Beispiel der euphorischen Stimmung aus jener Zeit nenne ich Präsident Eisenhower. Er sagte 1953: „Die zerstörerischste aller Kräfte kann zum Wohle der ganzen Menschheit eingesetzt werden."

Das erste Forschungsministerium unter Adenauer war meines Wissens das »Ministerium zur Förderung der friedlichen Nutzung der Atomindustrie«, sein erster Minister hieß Franz Josef Strauß, bevor er im Spätherbst 1956 erster Verteidigungsminister wurde. Seitdem ist diese Energieform mit mehr als 100 Milliarden DM Steuergeldern gefördert worden. In den 1960er Jahren begann die eigentliche wirtschaftliche Nutzbarkeit der Atomenergie. Der Umfang der Sicherheits- und Entsorgungsprobleme ist erst allmählich aufgedeckt worden. Sehr spät erst 1975 in Wyhl am Kaiserstuhl - begann der Protest der betroffenen Bevölkerung mit 90.000 Einwendungen. Dieser Blick zurück ist mir wichtig, um die Entwicklung besser zu verstehn, die wir alle mehr oder weniger miterlebt haben. Aus der furchtbaren Erfahrung von Hiroshima haben wir die „friedlich" genannte Nutzung der Atomenergie teils begrüßt teils hingenommen ohne die Probleme und Gefährdungen ausreichend wahrgenommen zu haben.

These 2a: *Die Atomenergie ist nicht die einzige mit Risiken verbundene Technologie.* Ich erinnere an einige Beispiele: an dem Waldsterben sind wir alle unmittelbar beteiligt durch unsere Art zu leben. Das Baseler Sandozunglück steht in einer Reihe von Chemieunfällen, Seveso, Bophal und in diesen Tagen gerade Hoechst. Ich bin davon überzeugt, dass wir alle nur andeutungsweise ahnen, welches Gefährdungspotential sich in der chemischen Industrie verbirgt. Als 3. Beispiel nenne ich die Rüstungsarsenale auf der Welt. Ich habe gelesen, dass die Feuerkraft des 2.

Meyer-Abich, Klaus Michael und Schefold Bertram, Die Grenzen der Atomwirtschaft 1986, S. 11.12

Weltkrieges 3 Megatonnen betrug. Die heute vorhandene nukleare Feuerkraft beträgt 18.000 Megatonnen - also 6.000 mal 2. Weltkriege oder über 1.000.000 mal Hiroshima. Wir leben in einer vielfältig bedrohten Welt. Uns hindert eine innere Abstumpfungsbereitschaft eine anhaltend große Gefahr mit angemessener Sensibilität im Auge zu behalten. Die uns eingeborene Verdrängungsbereitschaft mag nützlich sein. Es mag gut sein für unsern Schlaf und unseren Appetit, wenn die Raketen, Sandoz, das Waldsterben usw. nicht zu einem psychischen Dauerstreß werden. Aber es ist natürlich für die Zukunftperspektive unserer Gesellschaft fatal, wenn wir uns an die schädliche Realität anpassen, anstatt die schädliche Realität nach Maßgabe unserer berechtigten Ängste zu verändern. Christen nehmen ihren Schöpfungsauftrag wahr, indem sie sich, wo immer nur möglich, einsetzen für die Verminderung der Bedrohung und für die Bewahrung der Schöpfung. Auf keinen Fall heißt die biblische Folgerung, deswegen hat ja alles doch keinen Sinn.

These 2b: *Die Atomenergie birgt Risiken in sich, die unvergleichbar sind.*
„Durch Tschernobyl wurde uns ins Bewußtsein gehoben, dass die potentielle Schadenshöhe bei Unfällen in Kernkraftwerken außergewöhnlich hoch ist.“[34] In dem 1974 veröffentlichten Rasmussen Report hieß es, dass nur in einem Umkreis von wenigen Kilometern nach einem GAU (größter anzunehmender Unfall) Radioaktivität frei würde. „Tschernobyl ist ca. 1.500 Kilometer von der Bundesrepublik entfernt. Viel näher sind uns die Kernkraftwerke in Frankreich der DDR, der Schweiz, der CSSR und - natürlich - in der Bundesrepublik selbst. Keines von ihnen ist gegen einen großen Unfall gefeit, bei dem ein Teil des radioaktiven Inventars freigesetzt würde. Und es ist auch nicht auszuschließen, dass dieser Teil wesentlich höher als 3 % wäre, wie im Falle Tschernobyl. Je größer die Zahl der Kernkraftwerke ist, umso höher wird die rechnerische Eintrittswahrscheinlichkeit weiterer Katastrophen. Derzeit sind weltweit ca. 370 Reaktoren in Betrieb. Eine vor kurzem veröffentlichte Studie ermittelte, dass bei dieser Anzahl mit 95 %iger Wahrscheinlichkeit alle 20 Jahre ein mit Tschernobyl vergleichbarer Unfall eintreten

[34] Forschungsstätte der Ev. Studiengemeinschaft, Heidelberg, Tschernobyl – Folgen und Folgerungen 30 Thesen zum Verhältnis von Technologie und Politik -, hier abgekürzt FEST -, S. 3

wird. Nimmt die Zahl der Kernkraftwerke zu, so verringert sich entsprechend die Zeitspanne, innerhalb derer ein großer Unfall passieren kann."[35] Carl Friedrich von Weizsäcker hatte 1976 in einem Vortrag mit dem Titel „Entwicklung und Deckung unseres Energiebedarfs" gesagt: „Das populäre Bild eines »explodierenden«, Radioaktivität verstreuenden Reaktors entspricht keinem uns als möglich bekannten Vorgang."[36] Und gerade dieses ist in Tschernobyl passiert.

Über die Problematik so großer Katastrophen wie Tschernobyl hinaus, liegt die Unvergleichbarkeit an der besonderen Art der Gefährdung. „Es gibt keine ungefährlichen Mengen an radioaktiver Strahlung."[37] „Durch Verdünnung wird Radioaktivität weder abgebaut noch abgeschwächt, sondern nur auf größere Gebiete verteilt."[38] Die sog. Grenzwerte täuschen über diesen Sachverhalt hinweg, es sind politisch festgelegte Daten. Dass es keine ungefährlichen Mengen radioaktiver Strahlungen gibt, gilt schon für den störungsfreien Normalbetrieb, aber erst recht für den Störfall mit Schnellabschaltung und natürlich für den Katastrophenfall. Ich nenne zwei Beispiele für Katastrophenfälle: „Diese Anlagen bieten hervorrangende Ziele für Angriffe eines Kriegsgegners ... Ein Angreifer kann darauf verzichten, Atomwaffen einzusetzen, und doch vergleichbare Schäden anrichten."[39] „Hat man jemals ernstlich den Schutz der Kernenergieanlagen gegen Kriegseinwirkungen durchdacht? Und wer ist leichtfertig genug, zu glauben, dort, wo ein Reaktor, eine Wiederaufbereitungsanlage oder eine Endlagerung steht, werde nie mehr ein Krieg stattfinden?"[40] „Solange die Institution des Krieges noch existiert, ist auch die friedliche Nutzung der Kernenergie nicht akzeptabel."[41] „Außerdem können Reaktoren durch Sabotageakte außer Kontrolle gebracht werden,"[42] oder aufgrund von Kriminalität, Geisteskrankheit oder psychischem Ausnahmezustand. Zweitens: „Fehler des Bedienungspersonals können sich nicht nur in sowjetischen

35 FEST S. 6
36 Carl Friedrich von Weizsäcker, Wege in der Gefahr, 1976, S. 25
37 Härle, Wilfried, Ausstieg aus der Kernenergie? Einstieg in die Verantwortung! Neukirchen 1986, S. 31
38 a.a.O.
39 FEST, S. 9
40 Meyer-Abich S. 12, Zitat von Carl Friedrich von Weizsäcker
41 FEST S. 9
42 FEST S. 9

Kernkraftwerken sondern überall ereignen.“[43] Im Frühjahr 1975 fand in Brown’s Ferry ein Reaktorbrand statt, weil eine leichtfertig entzündete Kerze das Isolationsmaterial von Leitungen in Brand gesteckt hatte. Menschen sind nicht zu Schaden gekommen; der materielle Verlust wird aber auf 200 bis 300 Millionen Dollar und anderthalb Jahre Betriebsausfall geschätzt.[44] Tschernobyl war keine Materialermüdung. Der IV. Reaktorblock, der außer Kontrolle geriet, ist 1983 in Dienst gestellt worden und war der neueste und technisch am meisten ausgereifte von den 4 Kernkraftwerken in Tschernobyl. Tschernobyl war auch kein Konstruktionsfehler, kein terroristischer oder militärischer Angriff, sondern menschliches Versagen. „Das Bedienungspersonal hat ein »Wartungsexperiment« am IV. Reaktorblock durchgeführt, das die Sicherheit der Anlage verbessern sollte ... also in einer Phase erhöhter Aufmerksamkeit“ geriet der Reaktor außer Kontrolle.[45]

Die Unvergleichbarkeit der Risiken der Atomenergie sehe ich auch darin, dass die Gefährdungen völlig verdeckt zur Wirkung gelangen. In der Ukraine sind bisher 31 Menschen gestorben. 6.000 bis 24.000 Krebstote werden langfristig geschätzt, doch wer will nachweisen, dass seine Krebserkrankung oder die Mißbildung seines Kindes oder die Veränderung seiner Erbanlagen mit der Atomenergie oder mit Tschernobyl zusammenhängt (vergl. NOKTA-Interview, Türkei). Das muss bedacht werden, wenn gesagt wird, dass die Atomkraftwerke Strom erzeugen, „ohne dass Menschen durch Radioaktivitäten nachweisbar zu Schaden gekommen wären!“[46] Ein vergleichbarer Sprachgebrauch liegt vor, wenn, wie in diesen Tagen formuliert wurde, bei dem Plutoniumunfall in Hanau bei der Firma NUKEM „keine meßbaren Beeinträchtigungen der Gesundheit“ stattgefunden hätten. Statt dessen muss formuliert werden: Durch die Atomenergie werden ständig Gefährdungspotentiale produziert, deren gesundheitliche Unschädlichkeit nicht nachgewiesen werden kann.

[43] FEST S. 3
[44] Carl Friedrich von Weizsäcker, Wege in der Gefahr S. 26
[45] FEST S. 9
[46] Paul gerhard Jahn, Entsorgung radioaktiver Abfälle, S. 59

Zu der Unvergleichbarkeit der Risiken gehört schließlich auch, dass durch die Atomenergie Stoffe entstehen, deren Gefährlichkeit über einen menschlich nicht vorstellbaren Zeitraum andauert. Plutonium, ein Stoff der bei der Kernspaltung oder bei der Wiederaufarbeitung von Kernbrennstoffen entsteht, behält seine Gefährlichkeit über einen Zeitraum von mehr als 200.000 Jahren. Kurzfristigem zweifelhaften Nutzen steht eine langfristige Gefährdung gegenüber. „Mit der Unterdrückung und Ausbeutung der Natur werden unmittelbare Bedürfnisse der Gegenwart auf eine Weise befriedigt, die dem Lebensinteresse nachkommender Generationen zuwiderläuft. »Eine Generation kann ihren Gesetzen nicht die künftigen Generationen unterwerfen«, heißt es in Artikel 28 der Erklärung der Menschen- und Bürgerrechte der französischen Verfassung vom 24. Juni 1793. Das Lebensinteresse der künftigen Menschheit hat in der Gegenwart keinen unmittelbaren eigenen Anwalt. Längerfristige Perspektiven als die der jetzt lebenden Generation stellen eine neue Herausforderung an die Demokratie dar. Sie ruft nach weitgehender Verantwortung, über den Interessenausgleich hier und heute hinaus."[47]

These 3: *„Die von Gott geschaffene Welt ist als ganze gute Schöpfung Gottes. Er gibt dem Menschen den Auftrag, die Erde zu bebauen und zu bewahren. Dabei sind dem Menschen Grenzen gesetzt. Seine Endlichkeit und seine Fehlbarkeit schränken ihn in seiner Stellung und in der Wahrnehmung seines Schöpfungsauftrages ein."*[48]

„Christen bekennen, dass diese Welt Gottes Schöpfung ist, an deren Bewahrung Menschen mitwirken. Schöpfung ist andauernd dadurch gefährdet, dass der Mensch aus eigener Kraft nicht in der Lage ist, den zerstörerischen Kräften zu widerstehen. Das Bekenntnis zu Jesus Christus als dem Erlöser befreit vom Zwang zu Überheblichkeit und eigenmächtiger Naturbeherrschung. Die Hoffnung für den Bestand der Schöpfung hat ihren tiefsten Grund im Glauben an die Erlösung durch Jesus Christus. Das Bekenntnis zu dieser Hoffnung schließt aus, dass Christen die Anwendung von Techniken bejahen, von denen nach intensiver und umfassender

[47] EKD-Denkschrift Ev. Kirche und freiheitliche Demokratie, 1985, S. 36
[48] Jahn S. 9.10.11

Prüfung zu sagen ist, dass ihre Anwendung durch das Versagen Einzelner, Gruppen oder Völker weltweite Katastrophen schöpfungsbedrohenden Ausmaßes auslösen kann."[49]

„Die natürliche Welt kann als lebensfreundliche Gabe des Schöpfers, die stets allem Lebendigem neu zugewandt ist, nur erfahren werden, wenn das Lebensrecht aller Menschen berücksichtigt und ihnen nicht vorenthalten wird, was sie zum Leben brauchen. ... Die Naturnutzung des Menschen muss die allen Geschöpfen gemeinsamen Lebensgrundlagen und Voraussetzungen wahren und das Eigenrecht nichtmenschlichen Lebens respektieren. ... Der Nutzungsbefugnis ... steht die Bewahrungsaufgabe gegenüber, die den Eigenwert alles Lebens soweit wie nur irgend möglich zu schonen und zu respektieren hat."[50] Der Beitrag der Christen zur Bewahrung der Schöpfung besteht auch darin, anzuerkennen, dass der sündige Mensch Fehler macht. Diese Grundeinsicht kann verhindern, dass Menschen aus Überheblichkeit den Bestand der Schöpfung aufs Spiel setzen.[51]

Die FEST formuliert an diesem Punkt politisch, mit Artikel 2 des Grundgesetzes: „Zu dem politisch Unverfügbaren gehört das Recht auf Leben und körperliche Unversehrtheit ... Energiepolitische Entscheidungen die diese Bedingungen ... außer acht lassen, tragen dazu bei ... dem Demokratieprinzip die politisch-ethischen Grundlagen zu entziehen."[52] (M.E. ist ausreichend deutlich geworden, es geht hier nicht um eine vernachlässigbare Meinungsverschiedenheit über die Größe und Beherrschbarkeit bestimmter technischer Risiken, sondern es geht um die allmähliche, systematische - möglicherweise auch unbeabsichtigte - Außerkraftsetzung eines fundamentalen Menschenrechtes: um das Recht auf Leben und köperliche Unversehrtheit.)

[49] Beschluss der Nordelbischen Synode 1986, These 5
[50] Jahn S. 10
[51] Beschluss der Nordelbischen Synode 1986, These 4
[52] FEST S. 13

These 4: *Wir sind nicht ohne Alternativen. Zahlreiche Studien beweisen: Der Ausstieg aus der Atomenergienutzung ist möglich, ohne dass »die Lichter ausgehen«.*

Auf der Grundlage verbesserter Energienutzung in allen Verwendungsbereichen und unter schrittweiser Einbeziehung erneuerbarer Energien lässt sich eine Energiepolitik machen, die unter volkswirtschaftlichen Gesichtspunkten rentabel und unter Beachtung ökologischer und sozialer Schutzinteressen gegenüber der Atomenergienutzung unbestreitbare Vorzüge aufweist.[53] Der Preis für den Ausstieg würde nach Angaben verschiedenster Institute eine Erhöhung von ca 3 Pfennig pro Kilowattstunde betragen, damit würden sich die Bruttoproduktionskosten um durchschnittlich 0,5 % erhöhen. „Möglicherweise würde bereits eine geringfügige Erhöhung des Strompreises (etwa um 3 Pfennig pro Kilowattstunde) Einspareffekte auslösen, die einen erheblichen Teil der bisher durch Kernkraft erzeugten Energie überflüssig machten."[54]

Eine Veränderung der Strompreistarifstruktur, die sparsamen Umgang mit der Energie belohnt, und nicht wie zur Zeit die Großverbraucher begünstigt, würde ebenso zu Buche schlagen. „Ein Verzicht auf Kernenergie ist innerhalb eines Jahrzehnts möglich, ohne dass ökonomische Nachteile zu erwarten sind."[55] „Die Entwicklung einer umweltverträglichen Energietechnologie führt zu einem Innovationsschub für die Wirtschaft."[56] Ich verweise an dieser Stelle auf zwei Veröffentlichungen. Die Enquete-Kommission des Deutschen Bundestages hat 1980 ihren Bericht vorgelegt »Zukünftige Kernenergiepolitik«. In diesem Bericht hat sie vier verschiedene Möglichkeiten dokumentiert wie die Energieversorgung der nächsten 50 Jahre sichergestellt werden kann. Die zweite Publikation fußt auf dem Bericht der Enquete-Kommission. Klaus Michael Meyer-Abich und Bertram Schefold haben 1986, noch vor Tschernobyl, ein Buch vorgelegt mit dem Titel »Die Grenzen der Atomwirtschaft«. In diesem Buch analysieren sie die Arbeit der

[53] Beschluss der Synode der reformierten Kirchen in Nord-West-Deutschland Abs. 4
[54] Härle S. 28
[55] FEST S. 19
[56] FEST S. 23

Enquete-Kommission und geben ein sehr differenziertes Bild von der Möglichkeit die Energieversorgung der Bundesrepublik entweder durch die Nutzung der Atomenergie oder durch Energieeinsparmaßnahmen und Förderung alternativer Energietechnologien. In dem Vorwort zu diesem Buch korrigiert ausdrücklich Carl Friedrich von Weizsäcker seine früheren Äußerungen und erklärt, dass der Pfad S - das steht für Sparen und Sonnenenergienutzung - technisch gesehen keine Träumerei ist und sozial verträglicher als der Pfad K - das steht für Kernenergie -. Ich trete „nunmehr entschieden für Sonnenenergie als hauptsächliche Energiequelle, unterstützt durch technisch ermöglichte Energieeinsparung, und gegen die Entscheidung für Kernenergie als Hauptenergiequelle ein; ebensowenig kann ich die fossilen Brennstoffe für die längere Zukunft als vertretbare Hauptenergiequelle ansehen."[57] Ich denke, es muss völlig klar sein, dass der Verzicht auf Kernenergie nicht erkauft werden kann durch erhöhten Verbrauch von Steinkohle in Kohlekraftwerken oder gar durch Verfeuerung von Braunkohle. Zu der Dritte Welt-Problematik verweisen ich auf These 25 der FEST und zu der Frage der Sozialverträglichkeit von Energieformen verweise ich auf das eben genannte Buch »Die Grenzen der Atomwirtschaft«.

These 5: *Die Entsorgungsproblematik ist ungelöst und kann nicht ohne weiteres den nachfolgenden Generationen überlassen werden; sie macht aber auch deutlich, dass durch die Atomenergie Probleme geschaffen worden sind, die auf eine nicht mehr zu korrigierende Weise weit über unsere eigene Lebenszeit hinausreichen und von keiner künftigen Generation aufgehoben, sondern nur in Schach gehalten und/oder erlitten werden können.*

Auch wenn ich kritisch zur Atomenergie Stellung nehme, glaube ich, dass wir, die gegenwärtige Menschheit, also international, auch für die ungewollten Folgen, die entstanden sind durch die Nutzung der Atomenergie, verantwortlich sind. Der gefährliche Pfad der Nutzung der Atomenergie wurde in unserer Generation beschritten, die Entsorgungsprobleme sind lange Zeit überhaupt nicht

[57] Meyer-Abich S. 12f.

wahrgenommen worden; wir dürfen die Lösung dieser ungelösten Probleme nicht einfach verdrängen oder der nächsten Generation überlassen, sondern müssen sie so gut wie es überhaupt nur wissenschaftlich und technisch möglich ist, in Angriff nehmen, wohlwissend, dass wir irreversibel, d.h. auf nicht wieder gut zu machende Art und Weise in die Schöpfung eingegriffen haben. Wir müssen klar sehen, den Atommüll können wir nur so gut wie möglich verstecken, aus der Welt schaffen können wir ihn nicht.

Diese Übernahme der Verantwortung, die Entsorgungsprobleme „so gut wie überhaupt nur wissenschaftlich und technisch möglich“ in Angriff zu nehmen, muss unter einer zweifachen Voraussetzung erfolgen: ohne Zeitdruck, d.h. alle Drohungen mit „sofortiger Vollziehbarkeit“ o.ä. sind unakzeptabel und die zweite Voraussetzung: sie muss kritischer Würdigung ausgesetzt werden und ihr standhalten. Dazu hat Carl Friedrich von Weizsäcker einen wichtigen Hinweis gegeben: „Es sei nur hinzugefügt, dass es in öffentlich kontroversen Problemen zweckmäßig ist, dieselbe Frage von wenigstens zwei Arbeitsgruppen untersuchen zu lassen, deren bisherige Arbeiten die Vermutung nahelegen, ihre natürlichen Tendenzen oder auch ihre möglichen Abhängigkeiten wiesen sie bezüglich der erwarteten Resultate der Studie in entgegengesetzte Richtung. Soweit solche Studien im Resultat übereinstimmen, ist die Vermutung, sie hätten recht... etwas besser begründet als ohne diese gegenseitige Kontrolle. Soweit sie nicht übereinstimmen, liegen dann die Argumente für und wider klarer auf dem Tisch. Die Verzögerung, die ein solches Verfahren mit sich bringt, ist zwar manchmal technisch von Nachteil, macht sich aber politisch gleichwohl bezahlt.“[58]

These 6: *Die Erkundung des Salzstockes Gorleben dient der Entscheidung, wie „eine Eignungsaussage bezüglich Einlagerungsort, -art, -menge, und –technik“[59] zu treffen*

---

[58] Weizsäcker S. 41

[59] Urteil der 3. Kammer Lüneburg des Verwaltungsgerichtes Stade vom 28.1.1987

ist; sie dient nicht der Entscheidung, ob in Gorleben ein Endlager gebaut werden kann oder nicht.

Die Erkundung dient auch nicht der Beantwortung der Frage: Ist das Endlagerungsproblem national oder international zu lösen, sind bewohnbare oder besser unbewohnbare Gebiete für eine Endlagerung vorzuziehen. Die DBE und PTB u.a. legen Wert darauf, zu betonen, es handele sich lediglich um ein Erkundungsbergwerk zur Feststellung der Eignung des Salzstockes als Endlager. Die Pfarrkonfernz Dannenberg hat anläßlich eines Besuches auf der Baustelle, die Frage gestellt, was denn bei der Erforschung für Ergebnisse denkbar seien, die zwingend zu dem Schluß führten, Gorleben sei ungeeignet. Darauf wurde uns erklärt, für schwach- und mittelradioaktiven Müll sind keine Ergebnisse denkbar, die gegen die Nutzung des Salzstockes als Endlager sprechen. (Es sei angemerkt, dass der schwach- und mittelradioaktive Müll mehr als 90 Prozent des gesamten anfallenden radioaktiven Mülls ausmachen.) Untersucht wird lediglich, *wie* das Endlager gestaltet sein muss und wie der hochradioaktive, wärmeentwickelnde und über Jahrtausende gefährliche Müll verpackt werden muss, damit er auch hier endgelagert werden kann. Die Richter der 3. Kammer Lüneburg des Verwaltüngsgerichts Stade haben sich in dem am 28.1.87 ergangenen Urteil bemüht, die These der PTB zu stützen, es handele sich lediglich um eine Erkundung. Juristisch mag das richtig sein; wenn es politisch glaubwürdig sein soll, müssen die Kriterien der Erkundung und die Kriterien für eine evtl. Eignung veröffentlicht und gewürdigt werden können, und nach Beendigung der Erkundung auch der Prüfung ausgesetzt werden und dieser standhalten. Noch eine Randbemerkung: Da die endgelagerten radioaktiven Abfälle z. T. über viele Jahrtausende gefährlich bleiben, müßte sichergestellt sein, dass sie nie durch bewußten oder zufälligen Zugriff aktiviert werden können. (Wie kann sichergestellt werden, dass unser heutiges Wissen nicht verlorengeht? Es erscheint schon unmöglich, das Wissen über den Ort eines Endlagers über viele Jahrtausende weiterzugeben. Wir wissen nicht einmal Bescheid z. B. wie die Pyramiden in Ägypten gebaut worden sind). Und es müßte experiementell erprobbar sein, welche Auswirkungen eine jahrtausendelange Interaktion zwischen Wärmeentwicklung und

Radioaktivität einerseits und Verpackungsmaterial und Salzstocks andererseits auslösen wird.

These 7a: *Es besteht die Gefahr, dass durch den Bau eines Endlagers – ebenso übrigens durch den Bau einer WAA oder Konditionierungsanlage die Bereitschaft wächst, die Nutzung der Atomenergie als eine Dauerlösung zu akzeptieren, sie weiter auszubauen und den Weg in die sogenannte Plutoniumswirtschaft zu beschreiten.*
Wegen der genannten Risiken und Folgen ist die Weichenstellung in Richtung Nutzungsausweitung nicht wünschbar, und mein eigenes Urteil lautet: nicht verantwortbar. Ob die Nutzung der Atomenergie für eine begrenzte Übergangszeit verantwortbar ist, ist aufgrund der alternativen Handlungsmöglichkeiten zu bedenken. „Es steht die Frage unausweichlich und bleibend vor uns allen, ob die Anwendung der Kerntechnik zur Schaffung von Energie aus Gründen der Schöpfungsverantwortung aufgegeben werden muss. Es beginnt sich auf breiter Basis die Erkenntnis durchzusetzen, dass die weitere Anwendung der Kernenergie zur Deckung des Energiebedarfs keine Dauerlösüng sein kann und muss, die Übergangszeit auf dem Weg zu schöpfungsfreundlicheren Formen der Energiegewinnung und zu rationellem Umgang mit Energie möglichst kurz sein muss.“ [60] Insofern ist bereits die Einräumung oder Verweigerung des Nießbrauchrechts eine zentrale Entscheidung, die in ihrer Wirkung politisch, technisch und ethisch relevant ist. Als Inhaber von Salzabbaugerechtigkeiten haben wir als Kirche eine unvergleichlich größere Möglichkeit der Einflußnahme - allerdings auch der Verantwortung - als wir sie ohne den Besitz der Salzabbaugerechtigkeiten hätten. (Ob wir uns z.B. zum Zwischenlager geäußert hätten, wäre relativ unbedeutend gewesen, da wir keinerlei Rechte hätten nachweisen können.) Durch den Besitz der Salzabbaugerechtigkeiten haben wir die Möglichkeit und Verantwortung mitzuhelfen, dass wir energiepolitisch umkehren und dass wir einen Weg beschreiten, der die Bedrohung der Schöpfung reduziert. Eine Einräumung eines Nießbrauchrechtes halte ich nur für verantwortbar, wenn vor

[60] Beschluß der Nordelbischen Synode, These 2

Vertragsabschluß politisch verbindlich erklärt wird, dass die Erkundungen und der Bau eines Endlagers nicht dem weiteren Ausbau der Atomenergie dienen, sondern wenn politisch verbindlich eine zeitlich enge Begrenzung der Atomenergienutzung - die FEST spricht in diesem Zusammenhang von einem Jahrzehnt - beschlossen wird und wenn wir als Bundesrepublik „mit unserer ganzen Kraft Forschung und Entwicklung von umweltfreundlicheren und ressourcenschonenderen Energieerzeugungsarten fördern, damit sie nicht nur bei uns, sondern auch vor allem in der weiten Welt zu gegebener Zeit zur Verfügung stehen ... und in der Zwischenzeit unsererseits so sehr wie möglich Energie sparen ... Heute verbrauchen 20 % der Weltbevölkerung 80 % der erzeugten Energie. Es ist ganz undenkbar, dass sich die übrige Welt das auf die Dauer gefallen lässt. Wenn aber auch in der übrigen Welt, in einer umweltschonenden und damit auch uns schonenden Weise Energie erzeugt werden soll, müssen wir mit unserer wissenschaftlichen und technischen Kapazität auch für die übrige Welt vorarbeiten." (Richard von Weiszäcker)[61]

These 7b: *„Tschernobyl hat im Bewußtsein der Öffentlichkeit Spuren hinterlassen, die es erlauben, politisch umzusteuern."*[62]

Der Einstieg in umweltverträglichere und rohstoffschonendere Energiearten und Förderung der Energieeinsparung ist gefordert, damit die Welt als Schöpfung Gottes erhalten bleibt.

[61] Richard von Weizsäcker im ZDF am 21.12.86, zitiert in Frankfurter Rundschau vom 23.12.1986

[62] FEST S. 30

Rede beim Ostermarsch [63]

Liebe Freunde, was wir hier machen, sehen die Mächtigen nicht gern. Wir demonstrieren für Frieden und Abrüstung. In merkwürdiger Übereinstimmung in Ost und West empören sie sich über solche Menschen, wie wir es sind. Drüben darf man nicht mehr das Abzeichen »Schwerter zu Pflugscharen« tragen und hüben hat uns der amerikanische Außenminister Haig belehrt, dass es wichtigeres als den Frieden gibt. Das Bundeskabinett zeigt sich besorgt über die „zunehmend pazifistische Strömung" in dieser Republik. Ver-rückt und verlogen ist daran, dass unsere westlichen Politiker der DDR-Friedensbewegung große Aufmerksamkeit und viel Sympathie zollen und sich über die Unterdrückung durch den dortigen Staat mokieren, während sie die eigene westdeutsche Friedensbewegung diffamieren. Umgekehrt gilt natürlich dasselbe.

Ich finde es wichtig, dass wir uns nicht auf dieses Niveau begeben, dass wir uns auch nicht spalten lassen in Ost und West. Die Friedensbewegung ist übrigens eine gesamtdeutsche Gemeinsamkeit, die zukunftsweisender und hoffnungsvoller ist als alles, was man bei uns mit rückwärtsgewandter Träumerei „gesamtdeutsch" nennt.

Ich bin in den Zeitungsanzeigen zu diesem Ostermarsch immer als Pastor Mahlke angekündigt worden. Deswegen will ich mit einer kleinen Geschichte aus der Bibel beginnen. (aus Markus 5).

Und alsbald lief ihm ein Mensch mit einem unsauberen Geist entgegen, der seine Wohnung in den Grabhöhlen hatte. Und niemand konnte ihn mehr binden, auch nicht mit Ketten; denn er war oft mit Fesseln und Ketten gebunden gewesen und hatte die Ketten zerrissen und die Fesseln zerrieben; und niemand konnte ihn bändigen. Und er war allezeit Tag und Nacht bei den Grabhöhlen und auf den Bergen und schrie und schlug sich mit Steinen. Und er fragte ihn: Wie heißt du? Und er antwortete: Legion heiße ich, denn wir sind viele. Und er sprach: Fahre aus, du unsauberer Geist

[63] 1982 an der Elbe bei Pevestorf

von dem Menschen. Es war aber daselbst am Berge eine große Herde Säue auf der Weide. Und die unsauberen Geister baten ihn und sprachen: „Lass uns in die Säue fahren." Und er erlaubte es ihnen. Da fuhren die unsauberen Geister aus und fuhren in die Säue, und die Herde stürzte den Abhang hinunter ins Meer, ihrer waren aber bei zweitausend und ersoffen im Meer.

Die Geschichte hat für mich viel mit unserer Situation zu tun. Es scheint so als könnte niemand die unsauberen Geister der Rüstung bändigen. Ich will euch ein paar Beispiele sagen, die mir aufgefallen sind.

1. Im Süden der USA in einer Wüstengegend mit hoch aufragenden Tafelbergen liegt Los Alamos. Diese Berge nennt man Mesa, d.h. soviel wie Tisch. Die Mesa von Los Alamos war ein altes indianisches Heiligtum, ein Göttertisch, ein natürlicher Altar, wo man in alter Zeit den Segen der Gottheit heruntergefleht hat.

Auf diesem uralten heiligen Göttertisch hat man das Laboratorium gebaut, wo die ganze Entwicklung zur Atombombe stattgefunden hat.

2. Dort wurden damals drei Bomben hergestellt: Eine Versuchsbombe, eine Bombe für Hiroshima und eine zweite etwas schwere Plutoniumbombe für Nagasaki. Die kleine hieß scherzhaft »little boy«, die große nannten sie »fat man«, Vater und Sohn. Und alle drei Bomben nannten sie »trinity« Dreifaltigkeit.

3: Vor einiger Zeit wurde in den USA das 77. Atom-U-Boot ins Wasser gelassen. Dieses hypermoderne Kriegsschiff kostete 600 Millionen Dollar und erhielt den Namen »corpus christi« - Leib Christi.

4. Und wenn ihr die Namen der Raketen anseht, dann merkt ihr, dass die alten Götter der Antike wieder auferstanden sind: Poseidon, Apollon, Herkules, Titan, Saturn und der Gott des Höllenfeuers hat seinen Namen für den Sprengstoff der Atombombe hergegeben: Plutonium. Die alten Dämonen sind wieder da, dämonischer bestimmen sie das Geschick der Menschen als je zuvor, niemand kann sie bändigen. Wer so die Dämonen ruft, dessen Allmachtswahn muss grenzenlos sein, der muss das Gefühl haben, den Schlüssel über Leben und Tod der gesamten Menschheit in Händen zu haben. Vielleicht ist dieser Allmachtsanspruch auch gepaart mit einem

Verfolgungswahn ohne gleichen. Die Regierungen scheinen von diesen Dämonen besessen zu sein. Wir warten auf die Dämonenaustreibung. Wann wird endlich Schluss sein mit diesem Wahnsinn?

Von dem Dämon in unserer Geschichte heißt es „und niemand konnte ihn mehr binden, auch nicht mit Ketten, denn er war oft mit Fesseln und Ketten gebunden gewesen und hatte die Ketten zerrissen und die Fesseln zerrieben und niemand konnte ihn bändigen."

Alle Kontrollverhandlungen und Abrüstungsgespräche haben nichts ändern können, im Gegenteil die Rüstungsspirale dreht sich immer schneller und immer höher. Lediglich die Vokabeln ändern sich ein bisschen, wir nennen nur »Nachrüstung« was in Wirklichkeit »wahnsinnige Aufrüstung« bedeutet. In der Bibel wird das so genannt: da wird ein Teufel durch den Oberteufel Beelzebub austrieben. „Und niemand konnte ihn bändigen," es ist offenbar sehr schwer gewesen. Dieser Satz steht zweimal in unserer Geschichte.

Wer treibt uns den Rüstungsdämon aus?

In der Geschichte der Dämonen ändert sich die Situation nicht dadurch, dass die Ketten erneuert oder verstärkt werden. Sondern dadurch, dass da einer ist, der ohne Furcht auf den Besessenen zugeht und den Dämon beim Namen nennt. Er hat ihn klar angesprochen. Das heißt für uns, wir können nicht warten, dass die Dämonen von alleine verschwinden oder dass irgendjemand kommt und sie vertreibt. Wenn nicht wir selbst bei dieser Besessenheit die Rolle Jesu übernehmen und die Dämonen austreiben, werden sie bleiben.

Das wichtige scheint mir bei Jesus zu sein, dass er die Dinge beim Namen genannt hat. Beim Namen nennen, d.h. nicht schweigen und nicht verschweigen und nicht verdrängen, abblocken, Auseinandersetzungen verhindern, Konflikte nicht austragen, Schotten dicht machen. Die Situation in unserem Landkreis ist das beste Beispiel dafür, wie das die Regierenden machen. Jede Mitbeteiligung der betroffenen Bevölkerung wird verhindert und eine offene Konfliktaustragung wird fast nirgendwo zugelassen.

Beim Namen nennen heißt klar aussprechen und vorstellbar machen, was unvorstellbar scheint. Wir haben mehr Tonnen Sprengkraft gelagert als Nahrungsmittel - fünfzigtausend Megatonnen Atomsprengkraft - dabei hungert eine Milliarde Menschen. Wir geben in jeder Stunde 100 Millionen DM weltweit für Rüstung aus. Auf jede europäische Stadt ist heute die Vernichtungskraft von 2000 Hiroshimabomben gerichtet. Insgesamt können wir 3,4 Millionen Mal die Hiroshima-Bombe fallen lassen. Die eine Bombe vom 6. August 1945 bedeutete: Hunderttausend Menschen werden versengt, von einstürzenden Häusern erschlagen, zerrissen von der Druckwelle. Noch einmal so viele sterben an der radioaktiven Verseuchung, langsam und qualvoll. Tausende siechen noch Jahre dahin, entstellt, verstümmelt, unerträglich leidend. Am härtesten trifft es die Kinder. Nicht einmal die Ungeborenen werden verschont: von den 32.000 Neugeborenen bis 1954 ist jedes sechste tot oder grauenhaft missgebildet, Kinder ohne Augen, ohne Mund, ohne innere Organe oder ganz ohne Gliedmaßen. 3,4 Millionen Mal können wir diese Hiroshima-Bombe fallen lassen.
Ich halte ein Denken für pervers, das vorgibt, man müsse um hoher menschlicher Ziele willen zu einem Kampf bereit sein, von dem der amerikanische Ex-Präsident Carter gesagt hat: In einem weltweiten Nuklearkrieg würde in jeder Sekunde mehr Zerstörungskraft als im gesamten 2. Weltkrieg freigesetzt werden.
Die Vorwarn- und Reaktionszeiten werden immer kürzer. Zweimal gaben amerikanische Computer im Jahre 1980 Fehlalarm, stiegen Atombomber auf, wurden Raketen abschussfertig gemacht. Ein Atomkrieg aus Versehen oder aus menschlichem Versagen wird immer wahrscheinlicher. Eine „Sicherheitspolitik“, die sich nur noch auf die Rivalität des Argwohns und der Bedrohung stützt, die aufgebaut ist auf dem Gleichgewicht der Abschreckung, das in Wirklichkeit Gleichgewicht des Terrors heißen müsste, ist für uns immer mehr lebensgefährlich.
Den Dämon beim Namen nennen, d.h. aufmerksam machen darauf, was er heute schon anrichtet. Dorothee Sölle hat uns unermüdlich darauf hingewiesen, was wir von der amerikanischen Friedensbewegung lernen müssen. Sie haben auf ihren Flugblättern stehen: Die Bomben fallen jetzt! Damit ist gemeint, dass das

Rüstungssystem nicht lediglich die Vorbereitung auf einen militärischen Konflikt in der Zukunft ist, sondern dass unser Rüstungssystem bereits der Krieg ist, den wir führen, in dem wir bereits leben und in dem jetzt an jedem Tag etwa 15.000 Menschen fallen, weil sie nichts zu essen haben. Unsere Welt hat genug Nahrung, um alle satt zu machen.

Es liegt nicht daran, dass dort natürliche Reichtümer fehlen, es liegt auch nicht an der Überbevölkerung, dass die Leute verhungern. Die Bomben fallen jetzt.

Karl Carstens ist gerade in Brasilien gewesen und hat sich nicht genug ereifern können über die hohe moralische und wirtschaftliche Kraft dieses Landes. In der Tat, es gibt dort ein sog. Wirtschaftswachstum. Aber die armen Leute bleiben hungriger als je zuvor, und ein Grund dafür ist, dass schwarze Bohnen, das Grundnahrungsmittel der Armen, nicht mehr angebaut werden. Statt dessen baut man Sojabohnen für unsere deutschen Rindviecher an oder Erdbeeren und Orchideen für uns. Diese Länder wie Brasilien werden systematisch abhängig gemacht. Wir müssen verstehen, dieses Abhängigmachen, Ausrauben und Verelenden dieser Teile unserer Welt, die vor kurzem noch genug zu essen hatten, ist eine Folge unserer Wirtschafts-expansion, für die wir die militärische Aufrüstung als Sicherung brauchen. Ihr könnt das auch auf Nicaragua oder El Salvador beziehen, da ist das alles fast noch deutlicher und verlogener. Die Bomben fallen jetzt, nicht erst später einmal. In der Hoffnung, die Sowjetunion zu Tode rüsten zu können, rüsten wir tatsächlich die Dritte Welt zu Tode, weil wir ihnen nicht die Hilfe geben, die sie brauchen.

Den Dämon beim Namen nennen, d.h. auch aufmerksam machen, wie mit industrieller Gewalt Großprojekte der Industrie gegen einsichtige Gründe der betroffenen Bevölkerung durchgepeitscht werden, ob das der Rhein-Main-Donau-Kanal, oder die Startbahn-West ist oder das Zwischenlager bei uns. Überall werden intakte soziale Strukturen, einmalige ökologische Strukturen mit dem Schein des Rechts und oft genug mit glattem Rechtsbruch eingetauscht gegen Kriminalisierung und Abbau von demokratischen Grundrechten.

Unsere Kundgebung findet an der Elbe an dieser Friedensgrenze statt. Hier stoßen die Aufmarschgebiete der Großmächte hart aufeinander. Die Grenze ist hier, weil wir einmal einen Krieg angezettelt haben, in dem es um ein angeblich so ehrenwertes Ziel ging wie die Sicherung des Lebensraumes. Die Folge dieser Verteidigung unseres Lebensraumes, wird nicht nur für die Familien von Lenzen (da drüben) tödlich sein, sondern für uns alle. Vielleicht sollten wir uns selbst von dieser Grenze sagen lassen und das auch dann den Politikern sagen, dass diese Grenze hier auch die Folge unseres Handelns ist.

Ich glaube, beim Namen nennen, meint auch, ein Widerstandskämpfer zu werden. Es heißt, Widerstand aufzubauen und einzuüben auf den verschiedenen Ebenen unseres Lebens. Vom Kriegsspielzeug zu den Waffenmessen, bis hin zur Weigerung als Soldat wieder einmal nichts als seine Pflicht zu tun.

Die Ziele der Friedensbewegung sind gestaffelt. Ohne Rüstung leben, heißt das Fernziel. Das große Ziel sollen wir aber aufteilen in kleine, einzelne Schritte. Aufhebung des Nato-Aufrüstungsbeschlusses ist einer davon. Der Dämon kann ausgetrieben werden, er muss uns nicht für alle Zeit beherrschen, quälen und zum Selbstmord treiben. Beim Namen nennen, d.h. bei allen Stellen, bei Geburtstagsfeiern, beim Einkaufen, in der Eisenbahn sprecht darüber, nennt beim Namen, was nicht verschwiegen oder verdrängt werden darf. Sagt klar eure Meinung und fragt die andern, was sie mit ihrer Angst machen.

Wir müssen, lernen uns einzumischen. Voraussetzung dafür ist, dass wir uns mit anderen Menschen zusammentun, die sich ebenfalls für die Ziele der Friedensbewegung engagieren. Wir brauchen diese Zusammenarbeit, um uns durch Austausch und Zusammenhalt in unserem Mut zum Widerstand zu stärken und um uns zu informieren, über die politischen Hintergründe der Entwicklungen im Rüstungsbereich und über alternative sicherheitspolitische Konzepte. Eine gute Gelegenheit dazu ist der Ostermarsch. Guckt euch an, diskutiert miteinander, bildet Gruppen von Friedensarbeitern, Überlegt was ihr tun könnt. Vielleicht sind die Friedenswochen im November ein Thema, was uns wieder zusammenführt. Ich glaube, so kommen wir der Hoffnung näher, dass wir diese Dämonen austreiben können, dass wir Frieden schaffen ohne Waffen.

Psalm zum Gorlebener Gebet [64]

Gott, du bist wie saubere Luft und frisches Wasser, bei dir kann ich leben.
Erhöre mich, Herr, denn deine Güte ist tröstlich.
Die Fürsten und Herrscher machen, was sie wollen,
und bald ist der Schritt getan, wo es kein Zurück mehr gibt.
Sie bauen eins nach dem andern,
und die alle Vorrechte im Land genießen, verachten mich.
Sie reden gern vom Schmerz derer, die es in Tschernobyl erwischt hat
und verlachen mich in meiner Angst.
Die die Zukunft deiner Schöpfung belasten mit radioaktiven Emissionen,
sprechen dir Hohn, wenn sie sagen, wir können die Verantwortung tragen.
Ach Herr, wie sind meiner Feinde so viel.
Überall bauen sie ihre Bauten gegen mich.
Viele spotten über mich und sagen:
Er hat keine Hilfe von Gott - Gott hilft nur denen, die die Macht haben.
Du hast zugesagt, zu helfen dem, der bedrängt ist.
Wenn ich rufe zu dir, so schweige doch nicht,
dass ich nicht, wenn du schweigst, gleich werde denen,
die keine Hoffnung haben und sagen: es kommt, wie es kommt,
da kannst du nichts machen.
Zerschmettere die Bauten der Mächtigen, Gott.
Vernichte ihre Pläne,
zerreiße ihre Zeichnungen und Berechnungen,
schaffe Recht denen, die das Stöhnen deiner Kreatur hören.
Auf dich warte ich, Herr.
Eile mich zu befreien.
Ich werde nicht aufhören, von dir zu sprechen!
Ich will von dir in unseren Versammlungen erzählen,
denn du hast die Leidenden nicht verachtet,
du hast ihren Kopf hochgehalten.
Du bist meine Fels und meine Burg,
mein Zuhause, wo das Leben gelingt. Amen

[64] Seit 1989 findet im Wald von Gorleben, wenige hundert Meter vom „Endlager" an jedem Sonntag das „Gorlebener Gebet" statt. Es wird von Einzelnen, Gruppen, Kirchengemeinden gestaltet. Diesen Psalm habe ich am 16.12.1990 dafür geschrieben.

Leserbrief [65]

Lug und Trug oder wissen es die Herren wirklich nicht?

Vor einer Woche sagte Herr Kauder: „Es spricht viel für Gorleben. Deshalb sollte die Erkundung dort zunächst zu Ende geführt werden...Natürlich ist diese Erkundung ergebnisoffen...Gorleben steht eigentlich schon fest als Endlager". Jetzt sagt Herr Wulff: „... die Erkundung des Salzstockes als Endlager (ist) ergebnisoffen zu Ende zu führen." So wird dem braven Bürger weiß gemacht, am Ende der Erkundung könnte herauskommen, ob der Salzstock als Endlager geeignet sei oder ob er nicht geeignet sei. Wenn man darauf vertrauen könnte, dann müsste es Kriterien geben und diese müssten veröffentlicht werden, und diese Kriterien müssten wissenschaftlicher Kritik standhalten. z.B. die Steinsalzformation muss soviel mal so viele Meter groß sein, die Barriere zum Grundwasser muss soundso mächtig sein, usw. usw. Aber diese Kriterien kommen nicht auf den Tisch, weil es bei der Erkundung nicht um die Frage geht, ob der Salzstock geeignet ist oder nicht. Die Erkundung des Salzstockes dient der Entscheidung, wie „eine Eignungsaussage bezüglich Einlagerungsort, -art, -menge und -technik" zu treffen ist. (Urteil der 3. Kammer Lüneburg des Verwaltungsgerichtes Stade vom 28.1.1987). Oder wie es der Dt. Bundestag am 13.1.1988 (Drucksache 11/1632, S. 35) formuliert hat: Bei der Erkundung geht es um die Frage: „wieviel welcher radioaktiven Abfälle wo im Salzstock Gorleben eingelagert werden können." Auf gut deutsch: es wird untersucht, wie man den radioaktiven, wärmeentwickelnden und über Jahrtausende hochgefährlichen Müll verpacken muss, damit er an welcher Stelle in diesem Salzstock versteckt werden kann. Das ist wahrhaftig eine ergebnisoffene Erkundung!

gez.: Gottfried Mahlke

[65] zu dem Artikel „Wir wollen endlich ein Ergebnis der Erkundung" EJZ (Elbe-Jeetzel-Zeitung) vom 17.11.2006

10 Gebote[66] 1986

1. Ich bin der Gott, der dich lieb hat,
deswegen brauchst du keine anderen Götter.
Verlass dich auf mich.
2. Ich bin der Gott, der dich lieb hat,
deswegen nimm meinen Namen nicht in den Mund,
als wenn das gar nichts wär.
Denk daran, wenn du mich rufst, höre ich dich.
3. Ich bin der Gott, der dich lieb hat,
deswegen halte den Feiertag so, als wenn ich bei dir zu Besuch wäre.
Tu nicht so, als ob du keine Zeit für mich hättest.
4. Ich bin der Gott, der dich lieb hat,
Achte deinen Vater und deine Mutter,
und wenn du Kinder hast, dann achte auch sie.
5. Ich bin der Gott, der dich lieb hat,
Bewahre alles, was lebt;
erhalte die Welt, ich habe sie dir anvertraut.
6. Ich bin der Gott, der dich lieb hat,
deswegen kannst du auch dem vertrauen,
der sich dir anvertraut hat.
7. Ich bin der Gott, der dich lieb hat,
deswegen sorge auch dafür, dass andere alles haben,
was sie zum Leben brauchen.
8. Ich bin der Gott, der dich lieb hat,
Halte dem andern die Wahrheit wie einen warmen Mantel hin,
dass er hineinschlüpfen kann;
schlage sie ihm nicht wie einen nassen Lappen um die Ohren.
9. Ich bin der Gott, der dich lieb hat,
deswegen kannst du für Gerechtigkeit in der Welt kämpfen,
damit auch alle anderen Menschen meine Liebe spüren.
10. Ich bin der Gott, der dich lieb hat,
deswegen kannst du zufrieden sein mit deinem Leben
und brauchst nicht auf das Glück anderer zu schielen.

[66] 1986 für den Konfirmandenunterricht verfasst

Einblicke in Seelsorge

„Einstellungen zu Homosexualität und Kirche - Einstellungen von homosexuell empfindenden Menschen in der Kirche“ [67]

Ich beginne mit einem Zitat unseres früheren Landesbischofs Eduard Lohse: „Wir haben gelernt, dass wir Menschen wegen ihrer Homosexualität nicht diskriminieren dürfen. Sie müssen einen Platz in der Gesellschaft und in der Kirche haben.“ Mein Ziel heute Abend ist zu helfen, dass dieser Satz Wirklichkeit wird, dass unterschiedliche Auffassungen so miteinander ins Gespräch kommen, dass sie zu hilfreichen und weiterführenden Erkenntnissen gelangen. Dazu ist nötig, dass wir homosexuell empfindende Menschen verstehen - und das geht nur, wenn wir unsere eigenen Einstellungen bewusst wahrnehmen und verstehen.

Ich möchte Sie einladen, sich mit mir auf eine Entdeckungsreise zu machen, dass wir entdecken, was für Einstellungen wir haben und merken, wie sich die jeweiligen Einstellungen im Laufe der Zeit verändern.

Ich möchte das in einem ersten Schritt deutlich machen an ganz anderen Einstellungen und deren Wandlungen.

In einem zweiten Teil möchte ich etwas zur Homosexualität und Heterosexualität sagen, vor allem aus meiner persönlichen Sicht als Seelsorger, Ehe- und Lebensberater und Ausbilder von SeelsorgerInnen, und natürlich auch etwas zum biblischen und gesellschaftlichen Hintergrund.

In einem dritten Teil möchte ich Ihre eigenen Erfahrungen miteinbeziehen.

1. Einstellungen und Veränderung von Einstellungen

---

[67] Vortrag Kirchenkreistag in Dannenberg 21.9.2000. Bei der Ausarbeitung dieses Themas hat mir u.a. das Buch geholfen: Martin Steinhäuser, Homosexualität als Schöpfungserfahrung, Ein Beitrag zur theologischen Urteilsbegründung, Stuttgart 1998

1.1. am Beispiel der Einstellung zu dem Thema „**Frau in Gesellschaft und Kirche**"

Wir müssen zurückblicken, um zu verstehen, wie schnell sich unsere Einstellungen und ihre Begründungen verändern. Ich möchte das an der Rolle der Frau in Gesellschaft und Kirche deutlich machen. 1900 wurden Frauen zum Hochschulstudium erstmalig zugelassen; 1919 wurde das Frauenwahlrecht in Deutschland eingeführt, also als meine Mutter geboren wurde, durften Frauen nicht wählen. Kirchenzeitungen jener Zeit sind voll von biblischen Begründungen, dass Frauen nicht wählen sollen. „Wer Gleichberechtigung fordert, stellt sich gegen Gottes ausdrückliches Gebot." Die Frage, ob der Staat den Frauen das gleiche Recht wie den Männern zugestehen soll, war nicht nur eine politische, sondern wurde auch als eine theologische Frage behandelt.

In den 50er Jahren konnten Frauen nicht selbständig ihren Wohnsitz festlegen, GmbH gründen etc..

Als in den 60er Jahren das Pastorinnengesetz diskutiert wurde, hieß es: „Das klare, eindeutige Zeugnis der Schrift lässt diesen Weg nicht zu." 1962 lese ich in einem theologischen Gutachten zur Frage der Frauenordination: „Durch die Übertragung des geistlichen Amtes an die Frau wird die reformatorische Bindung an die Schrift verletzt. Das Pfarramt fällt nach dem NT allein dem Manne zu." In dem ersten Pastorinnengesetz unserer Kirche 1963 musste eine Pastorin aus dem Dienst ausscheiden, wenn sie heiratete. „Na gut, Pastorinnen als »Dienerinnen« in der Gemeinde, aber doch nicht in Leitungspositionen." sagte man. Ich bin mir fast sicher, dass noch vor 4 Jahren sich in diesem Kirchenkreistag niemand hätte vorstellen können, dass es zu unseren Lebzeiten eine Landesbischöfin geben könnte. Heute, ein Jahr nach der Wahl von Margot Käßmann, ist die Wahl einer Frau ins hannoversche Bischofsamt kein besonderes Thema mehr.

Als ich 1974 nach Gartow kam, war es vom Kirchen-Gesetz her nicht möglich, dass ich mir mit meiner Frau die Pfarrstelle teilte, und es war für mich nicht vorstellbar, dass meine Frau den Beruf ausübt und ich Hausmann bin. Heute leiden wir beide darunter, dass zu späterer Zeit, als die Gesetzeslage sich geändert hatte, wir bei dem alten Modell geblieben sind.

Ich wollte Ihnen mit diesen Gedanken deutlich machen: wie schnell und wie fundamental sich bei uns Einstellungen verändert haben.

1.2. Einstellungen zum Beispiel zum **Umgang mit der Bibel**

Auch die Einstellung zur Bibel hat sich verändert. Das wäre ein Thema für sich, die Veränderungen innerhalb der Evangelien, des Rabbinats und der Kirchengeschichte darzustellen. Ich will das nur an einem Punkt deutlich machen: Wie lasen unsere Großeltern die Bibel, z.B. den Schöpfungsbericht? Gott schuf die Erde in 7 Tagen, steht da, also - so glaubten unsere Großeltern - und die Fundamentalisten heute noch, er schuf sie in 7 mal 24 Stunden.

Wie lesen wir heute historisch-kritisch die Bibel? Wir fragen nach der Bedeutung, was will der Prediger dieser Geschichte sagen und dabei fragen wir auch nach dem zeitgeschichtlichen Rahmen, in den hinein dieser Text zuerst gesprochen wurde.

Martin Luther hat für seine Zeit ein revolutionäres Kriterium zur Bibelinterpretation formuliert, das für uns heute noch gültig ist: „was Christum treibet". Der Maßstab der Bibelauslegung ist Christus. Wie weit wird das, was Christus an Erlösung und Befreiung gewollt hatte, in diesem Text, in dieser Geschichte transparent. Und weil im Jakobusbrief nicht soviel davon vorkommt, hätte Luther ihn gern aus der Bibel gestrichen, das sei eine „stroherne Epistel". So gehen wir heute mit der Bibel um, dass wir 1. den Text als Predigt und aus dem Kontext verstehen und 2. fragen, was bedeutet dieses mit den Augen Jesu gesehen.

Wir folgen nicht einfach den Vorschriften der Bibel. Ich mache das noch einmal deutlich an Joh. 8, die Geschichte vom Ehebruch: Mose hat geboten, Frauen, die im Ehebruch erwischt werden, zu steinigen. Bereits im Johannesevangelium wird anders verfahren. Die Frau wird nicht gesteinigt. „Was Christum treibet" das merken Sie ganz deutlich an dieser Geschichte. Jesus nutzt sie, um die Selbstgerechtigkeit zu entlarven, um das Opfer zu schützen, um Befreiung zu realisieren. „Wer ohne euch ohne Sünde ist, werfe den ersten Stein..."

2. Was bedeuten die Aussagen über Homosexualität in der Bibel?

2.1. In der Bibel wird Homosexualität nicht als eigenständiges Thema verhandelt. Gleichwohl wird **Homosexualität im AT** als Sünde gesehen, die mit der Steinigung zu bestrafen ist. Im AT ist die Zielrichtung der Aussagen, sich von den kanaanäischen Baalskulten abzusetzen. Homosexualität wird - wie zB auch Tempelprostitution - als kultische Verehrung fremder Götter gesehen und damit als Verstoß gegen die Heiligkeit Jahwes geahndet. Ich will die ganze exegetische und hermeneutische Debatte der Theologen nicht referieren. Zu dieser Frage hat sich 1991 ausführlich und kritisch Hans Schmidt (heute geistlicher Vizepräsident des LKA) in einem Referat „Theologische Reflexionen zum Thema Homosexualität" geäußert. Darauf beziehe ich mich jetzt.

In der kirchlichen Debatte spielt ein Text aus dem AT eine besondere Rolle, in dem es gar nicht ausdrücklich um Homosexualität geht: Gen 1,26f. : „Dann sprach Gott: Wir wollen Menschen machen nach unserem Bilde, uns ähnlich; die sollen herrschen über die Fische... So schuf Gott den Menschen nach seinem Bilde; nach Gottes Bild schuf er ihn; als Mann und Frau schuf er sie." Dreimal geht es um die Gottesebenbildlichkeit des Menschen. Das heißt, trotz aller Unterschiede wird festgestellt, der Mensch ist Gottes Ebenbild. Als Folge dieser Gottesebenbildlichkeit ist dann alles andere zu sehen: bewahrt sie, herrscht über sie, seid fruchtbar. Mit Gott zusammen sein und zusammen wirken, dazu ist der Mensch geschaffen. Das macht den vollen Begriff des Menschseins aus und nicht die Beziehung zwischen Mann und Frau. „Die Diskriminierung von Behinderten, von Kranken und Alleinstehenden, von Homosexuellen und allen, die, aus welchen Gründen auch immer, nicht zu einer Beziehung zwischen Mann und Frau fähig sind, beginnt hier. Sie beginnt deshalb hier, weil ihnen mit dieser Art der Auslegung mehr oder weniger offen der volle Begriff des Menschseins abgesprochen wird! Mir liegt deshalb alles daran, deutlich zu machen, dass für das christliche Menschenbild konstitutiv ist, dass jeder Mensch unabhängig von allen inhaltlichen Festlegungen allein dadurch zum vollen Menschsein gelangt, dass Gott ihn geschaffen und zum Zusammensein mit ihm berufen hat. Der volle Begriff des Menschseins ist schöpfungstheologisch dadurch erreicht und dadurch gegeben, dass der Mensch Ebenbild Gottes ist, und zwar so, wie der Mensch ins Dasein gerufen ist, in der Ganzheit seines Wesens", sagt Hans Schmidt. (Übrigens auch das Grundgesetz sagt das so: „die Würde des Menschen ist unantastbar." Das gilt für Behinderte, Komatisierte, Entmündigte etc.)

Wir sind Mitarbeiter Gottes und haben Teil an Gottes Reich als Mann oder als Frau, als Gesunder oder als Kranker, als Behinderter, als Verheirateter oder als Lediger, als Homosexueller oder als Heterosexueller. Die Gottesbildlichkeit eines jeden Menschen schließt den Homosexuellen mit ein.

2.2. Auch **im NT** ist Homosexualität kein eigenes Thema. Es wird eher beiläufig und nur an wenigen Stellen erwähnt. Dennoch ist deutlich, dass Homosexualität als schwere Verfehlung und als Sünde gilt. Dies wird nicht in besonderer Weise argumentativ entfaltet, sondern es wird als selbstverständlich vorausgesetzt.

In 1. Kor 6,9 und 1. Tim 1,10 stehen Homosexuelle im Lasterkatalog neben Ehebrechern, Götzendienern, Dieben, Mördern, Menschenhändlern und denen, die einen Meineid schwören. Weder in der Jesustradition noch bei den Synoptikern oder in der johanneischen Tradition taucht das Thema auf, wohl aber in der Briefliteratur.

Von besonderer Bedeutung ist Römer 1, 26 f. Das ist die einzige Stelle an der sich Paulus ausführlicher mit dem Thema beschäftigt. Es geht Paulus darum zu zeigen, dass alle unter der Sünde sind. Es geht um die Frage, wie es kommt, dass der natürliche Mensch Gott nicht erkennt, obwohl der Schöpfer in seiner Schöpfung gegenwärtig und sichtbar ist. Für Paulus gilt, dass der Mensch schuldhaft diese Möglichkeit der Erkenntnis dadurch verspielt hat, dass er den Kult der Geschöpfe an die Stelle der Verehrung des Schöpfers gesetzt hat. Bei dieser Vertauschung handelt es sich um einen willentlichen Akt wider besseres Wissens. Das heißt für mich zweierlei, immer dann, wenn der Mensch an die Stelle Gottes einen Götzen stellt, wird er schuldig. Sexualität kann zum Götzendienst werden - zB indem die Sexualität „vergottet" wird (und in der Gefahr stehen Homo- wie Heterosexuelle)! und zum andern höre ich, dass Paulus voraussetzt, dass sich homosexuell handelnde Menschen willentlich und wider besseres Wissen von der auch ihnen eigentümlichen Heterosexualität abwenden. Genau an dieser Stelle müssen wir heute Paulus widersprechen. Wir sind heute davon überzeugt, dass es keine Entscheidung des Willens ist, homosexuell oder heterosexuell zu empfinden. Man kann sich nicht entscheiden, homo- oder heterosexuell zu sein, wie man sich nicht entscheiden kann, schwarz oder weiß zu sein. Deswegen kann Paulus nicht als Kronzeuge dafür dienen, dass Homosexualität Sünde sei. Wir müssen klar formulieren: Paulus, du verstehst Homosexualität als Sünde, wir sehen es nicht als Sünde, sondern als Prägung, die wir (vom Schöpfer) mitbekommen haben.

Daher müssen wir an dieser Stelle differenziert vom Evangelium her argumentieren. Nach Gal. 3,28 („Hier ist nicht Jude noch Grieche, hier ist nicht Sklave noch Freier, hier ist nicht Mann noch Frau; denn ihr seid allesamt einer in Christus Jesus") gibt es „in Christus" nicht nur die Aufhebung ethisch-religiöser und sozialer Unterschiede, sondern dort gilt auch die geschlechtsrollenspezifische Unterscheidung von Mann und Frau nicht mehr. In Christus, und das heißt im Verhältnis zu Gott, sind alle Kinder Gottes und im Verhältnis zueinander sind alle gleichwertige Geschwister. In Analogie zu der Aussage: "Hier ist nicht Mann und Frau" gilt auch der Satz: Hier ist nicht Heterosexueller und Homosexueller. In Christus stehen beide grundsätzlich nebeneinander! „Es ist nun nichts Verdammliches an denen, die in Christus sind." Wenn es gilt, dass in Christus etwas neues angefangen hat, also niemand nach weltlichen Maßstäben bewertet wird (2. Kor 5,16f), dann ist die Gemeinde als ein Raum der Freiheit in Anspruch zu nehmen und zu gestalten, in dem jeder gemäß seiner und ihrer Veranlagung im Miteinander verantwortlich leben kann. (Ich verweise noch einmal auf Joh. 8 - die Ehebrecherin).

Manfred Josuttis macht auf einen weiteren Aspekt aufmerksam. Paulus verwirft die Notwendigkeit der Beschneidung als Zugangsbedingung für die Christengemeinde. Der Weg zum Gott des Evangeliums führt nicht über den Eingriff und den Angriff auf die menschliche, mindestens auf die männliche Sexualität. Zwischen Paulus und der judenchristlichen Gemeinde war ja ein heftiger Streit entbrannt, ob man beschnitten sein muss, um Christ zu sein. Für Juden ist es eine unabdingbare Voraussetzung, nur durch die Beschneidung kann „Mann" zu Gott in Beziehung treten. Um der Kirche Jesu Christi angehören zu dürfen, ist keine vorhergehende Veränderung geschlechtlicher Prägungen nötig, sagt Paulus klipp und klar. „Selbstverständlich muss dann auch die Zulassung zu jenem Amt, das in der Kirche die Freiheitsbotschaft zu verkündigen hat, freigehalten werden von gesetzlichen Regelungen, die ein äußeres oder inneres Opfer homosexueller Praxis verlangen. ChristInnen haben im Rahmen der Freiheit, die ihnen im Evangelium geschenkt wird, ein geordnetes und ordentliches Leben zu führen. Aber um in diesen Freiheitsraum zu gelangen und um diese Freiheitsbotschaft zu verkündigen, ist eine Preisgabe der eigenen Lebenskraft im Sexualbereich nicht gefordert."

2.3. Eigentlich müsste ich etwas zur **Geschichte der Homosexualität** sagen. Ich glaube, dass alles, was im letzten Jahrhundert - vor allem im Nationalsozialismus - zur Homosexualität gesagt wurde, in uns ist und unsere Einstellungen mitprägt. Das will ich jetzt nicht referieren, sondern nur auch in Anknüpfung an das eben Gesagte feststellen, dass alles was zur Herabsetzung, zur Diskriminierung, zur Krankmachung und schließlich zur Verfolgung von Menschen beigetragen hat und wieder beitragen könnte, kann nicht der biblischen Botschaft entsprechen.

2.2. Bislang gelten homosexuelle Lebenspartner **vor dem Gesetz** als Fremde, selbst wenn sie jahrzehntelang zusammenleben und füreinander sorgen. Ein absolut unwürdiger Zustand, der schwere Beeinträchtigungen der persönlichen Lebensgestaltung zur Folge hat: ich erlebe das bei Auskunftsrechten, im Krankheits- und Todesfall. Besonders schwerwiegend ist die Rechtlosigkeit, wenn der Partner aus dem Ausland kommt oder wenn Kinder in der Partnerschaft aufwachsen.
Gegen diese Diskriminierungen helfen keine Verfügungen oder Notarverträge. Hier hilft nur eine klare und umfassende rechtliche Regelung, die nach meiner Meinung überhaupt nichts infrage stellen muss, was zum Schutz und zur Förderung von Ehe und Familie in diesem Staat geregelt ist.
Eine moderne Gesellschaftspolitik muss auch gleichgeschlechtlichen Paaren Rechtssicherheit bieten.

2.4. Die Frage nach der **Herkunft der Homosexualität**, also warum ist jemand homosexuell? lässt sich nicht beantworten. Es gibt zahllose Theorien dazu, die zur Verwirrung beitragen, die suggerieren, man könnte „geheilt“ werden. Ich erspare Ihnen ein Referat über die Forschungsgeschichte der letzten Jahre zu den Themen Entwicklungspsychologie, Zwillingsforschung, Hormonforschung und Gehirnforschung. Man spricht von „multifaktorellem Geschehen“, und das heißt im Klartext: man weiß es nicht.
Manche sagen, Homosexualität sei nicht „natürlich“. Wie problematisch diese Beurteilung ist, mache ich an 1. Kor. 11,14f deutlich. Dort schreibt Paulus: “Lehrt auch nicht die Natur selbst, dass es für den Mann eine Schande ist, wenn er lange Haare trägt, für die Frau aber eine Ehre, wenn sie langes Haar trägt.“

2.5. Homosexualität und Heterosexualität sind ein Teil unserer ganzheitlichen, vielgestaltigen Sexualität, die zu unserem Personsein gehört. Sexualität ist immer noch ein Tabu. Zwar werden wir in den Medien überflutet von Sexdarstellungen, dadurch wird uns gelehrt, Sexualität sei nur genitale Sexualität. Sexualität ist mehr als Geschlechtsverkehr, nämlich Zärtlichkeit, eine umfassende Sprache des Körpers als eine gestaltbare Fähigkeit des Menschen, Sympathie und Zuneigung gegenüber einem anderen Menschen auszudrücken und zu leben. **Homosexualität und Heterosexualität sind Dialekte der einen Körpersprache, die wir Sexualität nennen.** Ich glaube, wir verstehen das Phänomen „Homosexualität“ nur dann angemessen, wenn wir uns trauen es so zu betrachten, wie wir auch Hautfarbe, Geschlecht, und andere Ausstattungen, die unser Menschsein ausmachen, ansehen.
Ich bin überzeugt, wenn wir aufgeben, vor allem auf den Unterleib des Menschen zu starren, werden wir den Menschen begreifen können als ein sexuelles Wesen, das der Liebe bedürftig und fähig ist. Solange Sexualität an sich als Sünde verstanden wird - und nur zum Zwecke der Zeugung „straffrei“ anzusehen ist - und nicht als Ausdruck einer ganzheitlichen, körperlichen Kommunikation gesehen und gelebt werden darf,

mit der wir von Gott ausgestattet sind, ist Sexualität ein Instrument zur Produktion von Ängsten.

Ich möchte Sie in diesem Zusammenhang auf unseren Umgang mit Ängsten aufmerksam machen. Ein anderer, zB eine andere Rasse oder eine andere Religion können unsere Ängste mobilisieren. „Die Fremden" oder „die Asylsuchenden" eignen sich, unsere eigenen Ängste zB um den Arbeitsplatz anzuregen. Und es fällt leicht, ja es ist geradezu entlastend, diese Ängste auf den anderen zu projizieren. Nur wer gelernt hat, diese Ängste nicht abzuwehren, sondern als Teil des Ich ernst zunehmen, braucht nicht mehr diesen Sündenbockmechanismus. Ich erinnere mich gut an meine erste Begegnung mit dem Thema Homosexualität in der Beratung, wie sehr mir dieser Fall Angst gemacht hat und wie unfähig ich war, damit angemessen umzugehen. Erst als ich meine eigenen Gefühle wahrnehmen und sie zulassen konnte, konnte ich anderen helfen. Es mag sein, dass auch das Thema Homosexualität Ihnen Angst macht. Ich möchte Sie einladen, diese Angst wahrzunehmen und sie sich nicht zu verbieten. Geheimgehaltene Gefühle sind ständig in der Gefahr, angerührt zu werden. Sie können diese Gefühle verändern, indem sie sie ernstnehmen und zur Sprache bringen. Vielleicht merken Sie dann in der Begegnung mit einem anderen, dass Sie ihm diese Angst nicht „ansehen" müssen und an ihm verurteilen müssen.

2.6. Sie haben mich eingeladen, zu diesem Thema zu sprechen, weil Sie wissen, dass ich im Rahmen meiner Arbeit auch Erfahrungen mit homosexuell veranlagten Menschen habe. Dazu will ich etwas sagen:
Ich kenne Familien, in denen die Homosexualität eines Mitglieds der Familie keine Rolle spielt. Es ist allen bekannt, es wird nicht verschwiegen, aber es stellt kein Problem dar. Dort weht ein Geist der Toleranz und des Verstehens und gleichzeitig gehen alle offen und respektvoll mit dem Thema Sexualität um.

Ich kenne einige Kollegen, die heterosexuell erzogen worden sind. Sie haben geheiratet und Familien gegründet und im Laufe der Ehe gemerkt, dass sie in einer heterosexuellen Beziehung nicht im Einklang mit sich sind.

In meiner Arbeit in der Seelsorgeweiterbildung begleite ich manchmal kirchliche Mitarbeiter über einen längeren Zeitraum seelsorgerlich. Eine Voraussetzung für Seelsorge ist eine möglichst große Offenheit gegenüber dem anderen, damit er zu sich kommen kann, selber herausfinden kann, was sein Weg ist. Ich bin nur Begleiter auf einem Wegstück. Bei solcher Offenheit entdecke ich manchmal auch unbekannte Seiten in mir. „Nicht in dem von der Kirche befürchteten Sinn der Verführung zur Homosexualität, sondern als Möglichkeit zur Integration eigener bisher verdrängter oder unterdrückter Triebregungen." (Josuttis 111).Von daher bin ich überzeugt, dass wir sexuell nicht so eindeutig veranlagt sind, wie wir das denken. Wir sind nicht hundertprozentig so oder so, sondern ich weiß von mir, dass es da viele Zwischentöne gibt. Ich habe auch homosexuelle Anteile in mir, und wenn ich diese anerkennen kann, kann ich mit mir und anderen angstfreier umgehen.

Gelegentlich habe ich mit Eltern seelsorgerlich gesprochen, die unerwartet von ihren Kindern mit der Homosexualität konfrontiert wurden, die mit ihrer Verunsicherung und Angst nicht umgehen konnten. Der Weg, den ich mit ihnen gegangen bin, war nie leicht, weil die eigenen Ängste ausgesprochen und verstanden werden müssen, bevor sie in der Lage waren, freundlich ihr Kind anzusehen. Dazu ist u.a. auch Seelsorge da, um solche Menschen zu begleiten.

Was mich selbst am stärksten berührt hat, waren Kollegen, die ihre Homosexualität ihrer Umwelt verheimlicht haben und nur unter großer Angst vor einer möglichen Entdeckung in einer Partnerschaft lebten. Wenn man dann erlebt, wie sich jemand in einem langen seelsorgerlichen Prozess daran annähert innerhalb dieses geschützten Raumes sich zu öffnen und über seine Prägung und die von außen produzierten Ängste und Verbiegungen zu sprechen, ahnt man etwas von der Not von homosexuellen empfindenden Menschen in der Kirche. Die Kirche kommt hier plötzlich mit ins Spiel, weil ein outen fast gleichbedeutend war (und ist) mit einem Arbeitsverbot durch den Arbeitgeber Kirche. Es ist für mich längst überfällig, dass wir innerhalb der Kirche einen Raum schaffen, wo Menschen in Verantwortung und Freiheit ihr Leben gestalten können und nicht Angst vermehrt und Diskriminierung das Klima bestimmt. Hinter jedem dieser Menschen steht ein Glaube, der das Evangelium als Orientierungshilfe für das eigene Leben entdeckt hat. Um aus der gegenwärtigen Konfrontation herauszukommen, ist es nötig, dass sexuell verschieden geprägte Menschen in der Kirche gemeinsam leben und sich begegnen und gemeinsam nach Modellen und Lösungen suchen, um aus der Sackgasse der Intoleranz und Mechanismen der Verkrümmung herauszukommen.

Wenn wir einen angstfreien Umgang mit dem Thema Homosexualität in der Kirche einüben können, dann ist die Frage der Einstellung oder Anstellung von homosexuell empfindenden kirchlichen MitarbeiterInnen sekundär.

Fazit: Für den christlichen Glauben ist nicht die jeweilige Orientierung und Ausdrucksform menschlicher Sexualität von Interesse, sondern die Gestaltung der Beziehung zwischen Menschen nach dem Maßstab von Liebe und Freiheit. Im Neuen Testament ist Liebe, die sich der Verantwortung freut, das entscheidende Kriterium christlichen Verhaltens. Niemand darf aufgrund seiner sexuellen Veranlagung (oder seiner Hautfarbe oder seines Geschlechtes) diskriminiert werden. Die Aufgabe der christlichen Gemeinde ist, dazu beizutragen, dass durch gegenseitiges Verstehen, Vorurteile abgebaut werden und verantwortliche Beziehungen gelingen. Es ist an der Zeit die Voraussetzungen dafür zu schaffen, dass die Frage der sexuellen Veranlagung kein Ausschlusskriterium für die Einstellung in den kirchlichen Dienst darstellt.

3. Ich möchte Sie jetzt einladen, sich selbst mit diesem Thema zu verwickeln. Dazu habe ich einen Brief mitgebracht, den mir ein junger homosexuell empfindender Mann geschickt hat. Ich möchte Sie bitten, sich in die Rolle des Vaters oder der Mutter zu versetzen. Wenn Sie diesen Brief lesen, bitte ich Sie auf Ihre Gefühle zu achten. Anschließend können Sie sich mit Ihrem Nachbarn zur Rechten oder zur Linken austauschen.

Liebe Eltern!

Ihr wisst, dass ich ungern mit Euch streite und Meinungsverschiedenheiten zwischen uns auch für mich anstrengend und oft schmerzlich sind. Ich weiß, wie schwer es mir fällt, ruhig und vernünftig mit Euch über mich zu reden. Deswegen schreibe ich. Ich möchte, dass wir uns besser verstehen lernen. Ihr seid meine Eltern und ich bin Euer Kind. Wir sind miteinander verbunden, auch wenn ihr es jetzt schwer habt, weil ich Euch sagen muss, dass ich schwul bin. Nehmt es hin, nehmt mich hin, wie ich bin. Lasst mir meine Sexualität, meine Gefühle, meine Liebe. Ich fürchte, Ihr könntet mich weniger lieben, Euch von mir abwenden, mich verstoßen, weil ich leben möchte, was ich fühle. Ich will Euch nicht drängen, etwas gutzuheißen, was Ihr vielleicht nicht gutheißen könnt. Ich bitte Euch nur, mir zuzuhören. Ich kann mir vorstellen, dass Euch das Thema Homosexualität, jetzt wo es Euch angeht, vielleicht wütend oder unsicher macht.

Vielleicht fragt Ihr, warum ausgerechnet Euer Kind homosexuell ist. Ich selbst leide nicht darunter, dass ich schwul bin. Es ist meine Art, zu lieben und glücklich zu werden. Schwer machen es mir Mitmenschen, die sich unnötig durch mich gestört fühlen.

Wenn ich in Euch einen Halt finden könnte, Eltern, die zu mir stehen und mich in meinem Selbstwertgefühl bestärken, würde mich das sehr freuen und unterstützen. Die kleinen Spitzen im Alltag könnten mich dann weniger treffen oder gar verletzen.

Ich kann von Euch natürlich nichts verlangen, sowenig wie Ihr von mir. Wir haben alle unser eigenes Leben, für das wir selbst Verantwortung tragen. Ihr habt mir das Leben geschenkt und mich großgezogen. Dafür bin ich Euch dankbar. Jetzt kommt die Zeit, da mein eigenes, unabhängiges, selbstbestimmtes Leben beginnt. Ich würde es gern auch weiter mit Euch teilen ohne Bedingungen, die mich verkrümmen.

Ihr habt nichts falsch gemacht oder Euch schuldig gemacht. Ich fühle mich durch meine Homosexualität weder geschädigt noch betrogen. Ich habe keinen Grund zu klagen. Auch heterosexuelle Menschen erleben Enttäuschungen in der Liebe oder treffen durch ihre Eigenheiten auf Unverständnis oder Ablehnung seitens ihrer Umwelt.

Ihr habt mir ein gutes Bild einer Beziehung zwischen Frau und Mann vorgelebt. Trotzdem bin ich schwul. Meine Geschwister sind es nicht. Ihr seid o.k. und ich bin o.k. und ich wünsche mir, es auch in Euren Augen zu sein.

Es wäre vieles einfacher für uns alle, wenn ich nicht schwul wäre, aber ich bin es nun mal. Bitte achtet meine Gefühle und versucht nicht, mir Gefühle auszureden, die ich habe und die schön und aufrichtig für mich sind.

Ich kann Euch keine Enkelkinder versprechen (auch heterosexuelle Menschen wollen zuweilen keine Kinder haben oder können keine bekommen). Aber ich wünsche mir einen Menschen zu finden, der liebenswert, achtenswert, ehrlich, vertrauenswürdig und liebevoll ist, dass wir zusammen in einer Partnerschaft leben können. Ihr werdet mich nicht verlieren, Ihr könnt ein neues Familienmitglied dazu gewinnen. Vertraut darauf, dass ich die Werte hochhalte, die Ihr mir vermittelt habt.

Liebe Eltern! Ich bin homosexuell. Nehmt es hin, nehmt mich hin, wie ich bin. Lasst mir meine Sexualität, meine Gefühle, meine Liebe und seht auch alles andere an mir, denn ich bin ein Mensch mit vielen Seiten und verschiedenen Begabungen.

Euer Sohn

„Ich will hier bei dir stehen, verachte mich doch nicht" – Erwartungen an eine menschliche Seelsorge [68]

Diejenigen unter Ihnen, die im Konfirmandenunterricht Lieder aus dem Gesangbuch auswendig lernen mussten, haben sicher sofort erkannt, dass der Titel meines Vortrages aus dem Lied „O Haupt voll Blut und Wunden" genommen ist. Die 6. Strophe des Paul-Gerhard-.Liedes heißt: „Ich will hier bei dir stehen, verachte mich doch nicht; von dir will ich nicht gehen, wenn dir dein Herze bricht; wenn dein Haupt wird erblassen im letzten Todesstoß, alsdann will ich dich fassen in meinen Arm und Schoß."

Ich finde, Paul Gerhard beschreibt hier sehr schön, was menschliche Seelsorge ist: wenn einer oder eine dem anderen beisteht, dem das Leben Mühe macht. Seelsorge ist begleiten und begegnen. Mir ist wichtig von vornherein ganz klar zu sagen, das ist eine menschliche Aufgabe, das ist keine Aufgabe, die einem besonderen Berufsstande vorbehalten ist. Zwar erwarten wir, dass Menschen, die dafür als Pastoren und Pastorinnen ausgebildet und bezahlt werden, diese Aufgabe der menschlichen Seelsorge auch wahrnehmen, aber es ist eigentlich eine Kompetenz, die das Neue Testament jedem und jeder zumutet.

Ich stelle das auch deswegen meinen Ausführungen voran, weil wir ja heute hier versammelt sind, um ein Jubiläum der EKH zu begehen. „Ehrenamtliche oder ehrendienstliche oder evangelische, gelegentlich auch ökumenische Krankenhaushilfe", das ist ein menschlicher Dienst der Begleitung für Patienten und Patientinnen im Krankenhaus.

[68] Vortrag in Alfeld zum 20-jährigen Jubiläum der EKH (Ehrendienstliche Krankenhaushilfe)

Wie Sie wissen, bin ich kein EKH-Mitarbeiter, sondern Pastor und Ausbilder für Seelsorger und Seelsorgerinnen. Wenn ich jetzt von Seelsorge spreche, dann aus meinem Blickwinkel, aber so, dass Sie es auch übertragen können.
Ich möchte Ihnen den Verlauf eines seelsorgerlichen Gesprächs im Krankenhaus schildern, um dann in einem 2. Teil die wichtigsten Aufgaben der Seelsorge anhand biblischer Beispiele zusammenzufassen.

Was erwarten Menschen, die wir besuchen, was wollen sie nicht? Gibt es typische Merkmale für den Verlauf des Kontaktes?
Wenn ich ein Krankenzimmer betrete, und mich vorstelle, „Ich bin hier im Hause Seelsorger, darf ich Sie besuchen?“ dann höre ich nicht selten die Frage „Wer hat Sie geschickt?“ „Warum kommen Sie ausgerechnet zu mir?“ - Hier sprechen sich Vorerwartungen, Hoffnungen, Befürchtungen aus: Wenn ein Pastor kommt, wie schlecht steht es dann um mich - Assoziation der Todesengel - oder auch, wie gut dass jemand kommt, zu dessen Beruf das Vertrauen, die Vertraulichkeit, die Verschwiegenheit gehört. Auch hier sind natürlich die Vorerfahrungen mit Kirche von Bedeutung. Oft ergibt sich aber auch die Chance einer neuen Erfahrung mit Kirche durch einen solchen Kontakt, gerade auch dann, wenn der Patient als erstes äußert, dass er schon seit 20 Jahren mit Kirche nichts mehr zu tun hat.

Es ist wichtig, die ausgesprochene Angst aufzufangen und möglichst klar zu sagen, was ich anbiete, vielleicht auch warum ich gekommen bin, wenn ich damit mir gegebene vertrauliche Hinweise nicht veröffentliche. Ich hole mir sehr bewusst keine speziellen (es ist schon wichtig, zu wissen, ob jemand wegen Verdacht auf Krebs oder mit einem Suizidversuch oder mit einem Beinbruch da ist) Informationen über den Patienten, die Patientin aus dem Schwesternzimmer, weil ich möglichst unbefangen in den Kontakt gehen möchte und selber herausfinden möchte, wie mein Gesprächspartner seinen Zustand erlebt und wie er selber seine Aussichten einschätzt. Es kann durchaus sein, dass ich von dem Patienten eine ganz andere Einschätzung seiner Situation höre, als sie mir von der Schwester angedeutet wurde. Mir ist wichtig,

wie er sich sieht, subjektiv, mich interessieren die objektiven Fakten (fast) nicht. Ich bin nicht in erster Linie an dem „Befund“ interessiert, sondern an der „Befindlichkeit“.
Ich weiß zwar, was „Krebs“ für mich bedeuten würde, dh. ich ahne es. Aber was es für diesen konkreten Patienten bedeutet, weiß ich nicht, das muss er mir mitteilen. Als ich eine Patientin fragte, was bedeutet es für Sie, dass Sie hier mit Krebs liegen? antwortete sie: „das Schlimmste ist, dass mein Mann zuhause nicht klar kommt.“ Natürlich darf die objektive Seite der Krankheit nicht ganz außer acht gelassen werden (zB in der Phase des Nicht-Wahrhaben-Wollens), aber primär bin ich als Seelsorger an der subjektiven Sicht des Patienten interessiert.
Und da gibt es ein Problem. In unserer modernen Gesellschaft wird (fast) nur die objektive Seite der Sprache gelehrt. Das, was messbar ist, Fakten, lat. bruta facta, die „brutalen Fakten“ zählen. Wir sind nicht gut gelehrt worden - da gibt es übrigens kaum einen Unterschied, ob man Theologie oder Medizin studiert - die emotionale Seite der Kommunikation wahrzunehmen. Und immer, wenn wir miteinander sprechen, geht es nicht nur um Sachen, sondern auch um Gefühle (und um Wünsche). Wenn ich jetzt zu Ihnen rede, merken Sie sicherlich, dass es nicht nur um Sachverhalte geht, gleichzeitig löse ich mit dem Gesagten auch bei Ihnen Gefühle aus. Und darauf zu achten, haben wir nicht ausreichend gelernt. Und Gefühle sind am Verstehen außerordentlich stark beteiligt.

Ich erlebe manchmal, dass Angehörige an dieser Stelle trösten, ermutigen: „ach, pass mal auf, es wird schon wieder, gemeinsam stehen wir uns bei!“ Da wird deutlich, als Angehöriger bin ich in die Situation mit verstrickt, ich habe unmittelbare Interessen und eigene massive Ängste.
Als Arzt oder Pflegekraft könnte man vielleicht hinweisen auf andere Patienten, die mit einer solchen Krise fertig geworden sind. Zu einem Herzklappenpatienten sagte ein Arzt, der die Angst des Patienten spürte: „Sie brauchen keine Angst zu haben, wir haben da Routine!“ Als der Arzt draußen ist, sagt der Patient zu mir: „Ich aber

nicht!“ Angst ist da, ob sie berechtigt ist oder eingebildet, spielt überhaupt keine Rolle, sie wirkt, und sie drängt darauf, „rauszukommen“ und geteilt zu werden.

(An dieser Stelle will ich nicht verschweigen, dass ich mir eine Medizin wünsche, die das Sterben als zum Leben gehörig versteht. Ich kann verstehen, dass sich Ärzte verpflichtet haben, zu heilen; aber zu dieser Verpflichtung gehört m.E. auch, das sterben-lassen. Die gegenwärtige Praxis der Reanimation, wie ich sie vor allem in der Reaktion des Pflegepersonals erlebe, halte ich für außerordentlich problematisch. Ich versuche anzuregen, zu einem Kriterienkatalog für Reanimation zu kommen; ich bin der Meinung, dass es bei Patienten, bei deren Krankheitsverlauf der Tod bald zu erwarten ist, ein Reanimationsverbot einzuführen ist.)

Hat mein Gesprächspartner das Vertrauen, dass ich eine Weile bei ihm ausharren werde - nicht nur zeitlich, sondern vor allem emotional, dass ich bei ihm bleiben werde, wo ihm das Leben Mühe macht - dann können sich Schleusen öffnen. Was dann folgt, ist gekennzeichnet durch Klagen und Weinen, Zittern und Zagen, durch das Hin und Her von Hoffnung und Zweifel, durch aggressive Anklagen gegen Gott und die Welt, durch die verzweifelte Frage nach dem Sinn und die Klage über die Sinnlosigkeit. Dh.: der Patient nimmt die Gelegenheit wahr, sich zu „äußern“ im wortwörtlichen Sinn, das nach außen zu bringen, was innen ist, was in ihm rumort, was er buchstäblich bisher nicht „loslassen“ konnte, das drückt er aus, er drückt, und für manches gibt es keine Worte mehr, dann ist das, was überfließt, die Tränen, der Ausdruck dessen, wofür es keine Worte gibt. Dh. er nimmt seine Gelegenheit wahr, seine „negativen“ Gefühle (das Wort „negativ“ sagt etwas darüber aus, wie wir diese Gefühle einschätzen!), seine bösen Ahnungen, seine quälenden Zweifel und seine Ungewissheit zu äußern. Oft erleben wir heftige Aggressionsausbrüche, gegen die Kirche, gegen Gott, gegen die Ärzte, die Schwestern, das Essen. Der Patient hat die Erwartung, dass der Seelsorger, die Seelsorgerin ihm dies gestatten, dass sie ihm nicht dazwischenfahren (“So sollten sie nicht reden“, oder „sie dürfen die Hoffnung nicht verlieren“ oder dann einen passenden Bibelvers vorlesen, die sind meistens an dieser Stelle unpassend, weil sie dann oft benutzt werden, um dem anderen endgültig den Mund zu verstopfen, denn was soll ich als Patient noch antworten, wenn mir der

Pastor sagt: „die auf den Herrn hoffen, kriegen neue Kraft". Sie merken, dass ich mich scharf abgrenze gegenüber solchen, die die geschwächte Situation von Patienten und Patientinnen meinen für missionarische Zwecke ausnutzen zu müssen). Und dass sie soviel Zeit und Kompetenz mitbringen, dass er sich aussprechen kann. Dazu gehört zum Beispiel auch, dass ich mit meinen eigenen Ängsten Umgang habe. (Wenn ich selbst eine Krisengeschichte, zB den Suizid eines nahen Verwandten oder Freundes noch nicht verarbeitet habe, wird diese Geschichte mir „zur Unzeit" hochkommen und die Kommunikation stören).

Dabeibleiben, wo der andere emotional steht. Sich mit dem anderen auf dieselbe emotionale Stufe stellen und dieses Gefühl mit-teilen, griechisch sympathein, mitaushalten. Wenn jemand „außer" sich ist, „entsetzt" ist , sich selbst nicht mehr versteht, dann braucht er jemanden, der ihn versteht, damit er sich selbst wieder verstehen kann.

Und wenn das gelingt, - so ist meine Erfahrung - dann ändert sich die Welt. Dann geschehen Wunder. Ganz unterschiedlich: der eine sagt: Jetzt bin ich das zum ersten Mal los geworden! Ein anderer sagt: ob ich wohl noch die Geburt meines Enkelkindes erleben werde? Plötzlich hat ein Stückchen Hoffnung Platz gefunden. Es ist nicht mehr alles zum Heulen. Aber dieses Zeichen der Hoffnung muss der andere sagen. Wenn ich ihm Hoffnung einrede, wo er noch ganz von Angst besessen ist, kann er nicht nur meine Hoffnung nicht verstehen, nein, meine Rede von Hoffnung wird ihn entfernen von mir, gleichsam zurückstoßen in seine Verzweiflung. In die Einsamkeit, mich kann wirklich keiner verstehen.

Nicht selten sagt er am Schluss eines solchen Gesprächs, dass er heute zum ersten Mal überhaupt mit jemandem über seine Zweifel und Sorgen gesprochen habe und dass es ihm jetzt leichter ums Herz sei.

Und noch eine zweite Erklärung für die Erwartung, die viele Menschen (übrigens auch solche, die der Kirche als Institution sehr distanziert gegenüberstehen), Seelsorgern und Seelsorgerinnen gegenüber hegen: In einer Krise ahnen wir wohl,

was für unsere Seele gut ist, und das nehmen wir dann beispielsweise wahr, wenn sich uns ein Seelsorger/in anbietet.
Was unsere Seele ist, lässt sich schwer sagen. Wir merken aber, dass wir beseelt sind. In den Psalmen ist zu lesen, dass wir mit ihr sprechen können: „Was betrübst du dich meine Seele, und bist so unruhig in mir?" In einer frühmittelalterlichen Darstellung sitzt die Seele in Gestalt einer trauernden Frau auf einem Hügel, vermutlich einem Sorgenberg, und in einiger Entfernung ist ein Mann dargestellt, der eine Leier im Arm hat, sein Blick sucht die Seele und er versucht sie mit dem eben zitierten Text anzureden: „Was betrübst du dich, meine Seele, und bist so unruhig in mir?" Ich merke, dass ich eine Seele habe, daran dass ich mich mit mir selber aus-einander-setzen kann (hier sitze ich - dort sitzt meine Seele). Von daher gewinnt auch der Begriff „Zwei-fel" seine Bedeutung. Mein Zweifel zeugt von meiner Aus-einander-Setzung mit mir selbst, mit den „Zwei Fällen" in mir, meiner Angst und meiner Hoffnung. Wir sprechen andererseits von „Verzweiflung", wenn dieser Dialog mit mir selbst abgebrochen und verstummt ist.
Zu dieser Auseinandersetzung mit mir selbst gehört immer auch die Auseinandersetzung mit meinen Mitmenschen und mit dem, der meinem Leben und meinem Sterben Sinn gibt, mit Gott. Eine solche Auseinandersetzung vollzieht sich selten ohne vehemente Aggressionsausbrüche.
Das Bedürfnis nach Auseinandersetzung, in dem sich unser Ahnen, dass zu uns eine Seele gehört, manifestiert, schlägt sich nieder in unserer Erwartung an die Seelsorge. Das weist der Seelsorge ihre Aufgabe zu: sie sorgt dafür, dass der Dialog mit der Seele nicht verstummt. Und wo dieser Dialog abgebrochen ist, versucht sie, ihn wieder in Gang zu bringen.

2. Seelsorge ist begleiten und begegnen

Das möchte ich an drei biblischen Beispielen verdeutlichen:
Im 2. Buch Mose, im 3. Kapitel steht die schöne Geschichte von dem brennenden Dornbusch, darin sagt Gott: „Ich habe das Schreien meines Volkes gehört und ihre Not gesehen!" Das Schreien hören und die Not sehen – das ist Seelsorge. Und dann

fragt Mose weiter, wer bist du, Gott, wie ist dein Name? Die Antwort (in der Übersetzung Martin Bubers) lautet: „Ich bin da!“
Die zweite biblische Stelle finden wir im Buch Hiob. Nachdem alle „Hiobsbotschaften“ beschrieben werden, besuchen ihn die Freunde, „und saßen mit ihm auf der Erde sieben Tage und sieben Nächte und redeten nichts mit ihm, denn sie sahen, dass der Schmerz sehr groß war.“ Dann halten sie es aber nicht mehr aus und geben ihm 20 Kapitel lang Ratschläge. Daraufhin sagt Hiob (21,2) „Hört doch meiner Rede zu und lasst mir das eure Tröstung sein! Ertragt mich, dass ich rede!“
Das dritte biblische Beispiel ist die sog. Emmausgeschichte (Lukas 24, 13-34). Eine Geschichte mit lauter Emotionen: sie bleiben traurig stehen, sie hofften, sie wurden erschreckt von den Frauen, sie nötigen ihn, ihr Herz brannte. Und das Gespräch mit dem Auferstandenen ist ein ständiges Resonanzgeben.

3. Ich schließe mit wenigen Bemerkungen zur aktuellen Situation. Ich weiß, dass viele Menschen - nicht zuletzt die EKH-Mitarbeiterinnen und viele Patienten und Patientinnen - von den hauptberuflichen Pastoren und Pastorinnen eine größere Präsenz in der Seelsorge erwarten. Ich möchte Ihnen sagen, verachten Sie Ihre Erwartungen nicht, sie sind berechtigt. Eine Kirche, die nicht in der Seelsorge einen ganz wichtigen Teil ihrer Arbeit sieht und wahrnimmt, muss sich mit dem NT fragen lassen, was sie tut. Seelsorge besteht nicht im Wahrnehmen von Terminen, sondern im Wahrnehmen von Menschen. Unsere menschliche Situation ist nicht am Rande unserer Arbeit, sondern das Herzstück. Es geht um die Menschwerdung des Menschen. Letztendlich geht es in unserer Arbeit um die Frage, ob Gott durch uns in dieser Welt zugänglich gemacht oder verstellt wird, ob wir durch unsere Menschlichkeit zum Glauben einladen oder vom Glauben abraten.
Aber - erwarten Sie nicht alles von anderen. So wie ich versucht habe, Seelsorge zu beschreiben, gilt dieser Auftrag nicht nur den Profis, sondern allen Gläubigen. Begleiten, trösten, verstehen.

An der Trauer führt kein Weg vorbei, nur hindurch.[69]

In dem hessischen Dorf meiner Kindheit „trug man Trauer“. Ich weiß nicht, ob Sie das kennen. Wenn in einer Familie ein Trauerfall war, dann trugen die Angehörigen mindestens ein Jahr lang schwarz. Man sah ihnen an, sie hatten einen Verlust erlitten. Man nahm Rücksicht auf sie. Man ging in besonderer Weise mit ihnen um.
Trauern hatte Raum und Zeit.
Was ist „Trauer“? Warum trauern wir, wie trauern wir oder auch wie verhindern wir Trauer?
„Die Trauer“, schreibt Verena Kast in ihrem Buch „Trauern“, „ist die Emotion, durch die wir Abschied nehmen, Probleme der zerbrochenen Beziehung aufarbeiten und soviel als möglich von der Beziehung und von den Eigenheiten des Partners integrieren können, so dass wir mit neuem Selbst- und Weltverständnis weiterzuleben vermögen...“
Trauer ist ein Gefühl, das sich in uns einstellt, wenn wir Abschied nehmen, wenn wir einen Verlust erleiden oder wenn Trennung ansteht bzw. erfolgt ist. Dasselbe Gefühl entsteht auch in einer Krise, in einer Krankheit. Wenn ich jetzt darüber schreibe, denke ich in erster Linie an Trauer angesichts des Todes. Trauer betrifft den ganzen Menschen: Schlafstörungen, Appetitlosigkeit, Kopfschmerzen, Gefühle der Leere, der Wut, der Verbitterung, Hadern mit Gott, Rückzug aus dem Bekanntenkreis usw. - dies alles sind körperliche, seelische, spirituelle und soziale Auswirkungen der Trauer, von denen sich Trauernde von einem Tag zum anderen plötzlich betroffen sehen können.
Diese seelische Arbeit „Trauer zu tragen“, haben wir in unserer Gesellschaft weitgehend verlernt.

[69] Artikel für den Gemeindebrief in Lüchow

„Positives Denken“ ist ein Trauerverhinderungsangebot unserer Zeit. „Du musst das Gute sehen“, „du musst lernen, dass der Abschied auch eine gute Seite hat.,“ „du musst dich dem Leben zuwenden“, „du kannst, wenn du willst, das Schwere einfach vergessen“ - so ähnlich klingen die Aufforderungen von denen, die von Trauer nicht betroffen sind und nicht ertragen können, dass Trauernde sich schwach und hilflos und zerrissen fühlen.
Ein anderes Trauerverhinderungsangebot unserer Zeit sind Medikamente. Eine serbische Bekannte hatte ihren Vater im Krieg verloren. Als sie diese Nachricht bekommen hatte, war sie zusammengebrochen. Als ich sie besuchte, war sie ganz munter. Nach ein paar Tagen wunderte sie sich selber darüber und fand heraus, dass man ihr starke Beruhigungsmittel verabreicht hatte. Beruhigungsmittel angesichts der Trauer sind oft gutgemeinte Tröster, die die notwendige Trauerarbeit verhindern und erschweren.
Manche Menschen unserer Zeit fliehen vor der Trauer und begeben sich auf eine große Reise, um alles hinter sich zu lassen, um den Schmerz nicht zu spüren, um nicht mit dem Verlust konfrontiert zu werden. In der Regel tröstet diese Flucht nur für die Dauer der Reise, anschließend wird die Einsamkeit noch massiver empfunden.
Ein anderes Trauerverhinderungsangebot unserer Zeit ist das Verbot der Trauer. Als eine Frau in meinem Bekanntenkreis hochbetagt gestorben war und der erste nichtfamiliäre Besuch kam, sagte dieser Besucher als erstes zu dem Ehemann der Verstorbenen: „Wir wollen nicht traurig sein, sie hat doch ein schönes Alter gehabt.“ Damit war der Ton angegeben, der Besucher hat die ganze Zeit von sich erzählt und auf diese Weise verhindert, dass die Trauer „herauskommen“ konnte, dass der Ehemann von seinem Schmerz hätte reden können. Auch wenn dieser Tod nicht unerwartet kam, so war doch dieser Tod für den Ehemann neu und noch nicht verarbeitet. Hiob sagt zu seinen Freunden, die ihn mit zu viel Gerede mundtot machen wollen: „Hört mir doch zu und lasst mir das eure Tröstung sein! Ertragt mich, dass ich rede!“ (Hiob 21,1)

Ein Trauerverhinderungsangebot unserer Zeit nennt man „workaholic“, damit ist die hektische Geschäftigkeit gemeint, mit der sich Trauernde - oder die, die von einer schweren Krankheit unverhofft ereilt werden - in die Arbeit stürzen.

Alle diese Trauerverhinderungsangebote haben einen vermeintlichen „Vorteil“: Man muss nicht „Trauer tragen“, man muss sich nicht der Trauer aussetzen. Gleichzeitig nimmt die Umwelt lobend zur Kenntnis: „Oh, er macht eine Reise oder arbeitet tüchtig oder...“ Es sieht so aus, als sei die Trauer überwunden. In Wirklichkeit steht der Trauernde vor der Mauer der Trauer, die Leben verhindert. Die Trauer erscheint nur in einem neuen Gesicht. Die Erscheinungsbilder von nicht zugelassener Trauer sind verschieden. Es gibt Menschen, die wirken wie versteinert, andere sind überflutend, manche wirken ausgetrocknet, andere suchen übergroße Nähe andere unangemessene Distanz. Die Folgen sind oft Krankheit, Beziehungsunfähigkeit, Arbeitsunfähigkeit.

Wie können wir trauern lernen?
Trauer ist ein kostbares und notwendiges Gefühl, wie alle unsere Gefühle kostbar sind. (Manche Gefühle lieben wir nicht, weil sie weh tun oder weil wir nicht wissen, wie wir damit umgehen können. Deswegen nennen wir sie dann „negative“ Gefühle. Und damit verhindern wir, ihre Ansprache an uns zu hören). Trauern hilft uns, Abschied zu nehmen und uns wieder dem Leben zuzuwenden. Ich stelle mir das so vor: Wenn man einen Verlust erlitten hat, dann steht man vor der neuen Situation, wie vor einem unbekannten Raum. Man kann mit verschiedenen Methoden verhindern, diesen Raum wahrzunehmen. Aber man kann auch die Schwelle überschreiten in den „Raum der Trauer“ hinein. In diesem „Raum“ können alle Gefühle aufbrechen. Zu den chaotischen Gefühlen gehören bei der Trauer neben Wut auch Angst, Verzweiflung, Sehnsucht und auch Schuldgefühle. Oft richten sich die ersten Aggressionen gegen vermeintliche Mitverursacher des Todes, wie Ärzte, Unfallgegner. Richtet sich die Wut gegen die eigene Person so können neben Schuldgefühlen auch Depressionen (nach innen geschlagene Aggressionen) entstehen.

Die sehr intensiven Schmerzen der Sehnsucht, in der Trauernde auf der Suche nach ihrer „besseren Hälfte“ sind, machen den Wunsch verständlich, möglichst bald „nachzusterben“, um so mit dem Toten wieder vereint zu sein. Ich möchte mir Trauer gerne als einen geschützten Raum vorstellen. Wir alle sind zu wenig erfahren mit dem Gefühl Trauer, von Schmerzen zerrissen zu werden, zwischen Angst und Sehnsucht, Starre und Angriff hin- und hergetrieben zu sein. Und diese fehlende Erfahrung macht Angst. Deswegen ist es wichtig, bei diesem Weg durch die Trauer nicht allein zu sein, sondern Begleiter und Begleiterinnen zu haben, die Erlaubnis für alle chaotischen Stimmungen geben und mich stützen. Trauernde sind deshalb auf vertrauenswürdige Menschen angewiesen, auf Geborgenheit, Verständnis und Verschwiegenheit. Sie müssen getragen werden, wenn sie Trauer tragen. Denn jeder erlebt Trauer als außerordentliche Schwäche und Verletzung.
Der Weg durch diesen Raum, durch die Trauer, hilft, dass die Wunde, die der Tod gerissen hat, heilen kann. Die Narbe wird bleiben. Aber die Erfahrung von verarbeiteter Trauer gibt Kraft für den Alltag, stärkt für die neue Lebenswirklichkeit.
Im 126. Psalm habe ich für diese Arbeit ein wunderbares Bild gefunden. Dort heißt es: „Die mit Tränen säen, werden mit Freuden ernten. Sie gehen hin und weinen und tragen ihren Samen und kommen mit Freuden und bringen ihre Garben.“ Die Tränen sollen nicht schnell verschwinden, nach dem Motto: Heulen nützt nichts! Zum Gegenteil wird hier ermutigt, die Tränen, die Schmerzen, die mich zerreißenden Gefühle als Saat zu sehen, aus denen nach einer Zeit der Ruhe und des Wachsens Früchte reifen, etwas neues entstehen kann.
Kein Weg führt an der Trauer vorbei, der Weg durch die Trauer hindurch stärkt und macht den Trauernden wieder lebens- und beziehungsfähig.

Printed by Books on Demand GmbH, Norderstedt / Germany